TROISIÈME ANNÉE — NUMÉRO SPÉCIAL(?)

Cahiers du Bolchévisme

ÉDITÉ
par les
CAHIERS DU BOLCHÉVISME

Les documents de l'opposition française et la réponse du parti

Les documents de l'opposition française et la réponse du parti

Paris, le 22 novembre 1927.

Au Secrétaire général du parti communiste français,

Camarade Secrétaire,

Veuillez trouver ci-joint :

1° La plate-forme des membres oppositionnels du Comité Central (avec son préambule).

2° L'additif à cette plate-forme.

La présente plate-forme devait être déposée au dernier Comité Central.

Le caractère irrégulier de l'Assemblée que vous avez substituée au Comité Central régulier, ne nous a pas permis de déposer alors notre plate-forme.

Nous voulons espérer que vous publierez notre plate-forme, complétée par son additif.

Dans le cas contraire, nous nous réservons de la porter régulièrement à la connaissance du parti par le canal de nos cellules et de nos rayons.

Quant à son additif, *vu la gravité de l'heure et l'imminence du péril de scission,* (le 15e Congrès du parti russe commence le 1er décembre), vous comprendrez que nous en saisissions tout le parti en même temps que nous vous l'adressons.

Salutations communistes.

Henri BARRÉ ; Louis BEORS ; Marguerite FAUSSECAVE ; Suzanne GIRAULT ; Albert TREINT.

Membres du Comité Central.

Additif à la plate-forme des membres oppositionnels du Comité central

Contre la Scission
Pour l'Unité Léniniste du Parti et de l'Internationale !

Staline a commencé la scission.

Comme Lénine l'a prévu, dans son Testament, Staline mène le parti russe à la scission.

Jusqu'ici la scission méthodiquement préparée par Staline et ses partisans, apparaissait comme une menace, grave sans doute, mais non imminente.

Maintenant, la scission staliniste *est en voie de réalisation.*

Staline fait exclure les militants russes par centaines. Il fait jeter en prison des membres du parti. Il jette hors du parti les deux chefs de l'opposition léniniste : Zinoviev et Trotsky.

Staline marque ainsi sa volonté arrêtée de mener jusqu'à l'achèvement, la scission commencée par lui du parti russe et de l'Internationale

L'Oppression bureaucratique au service de l'opportunisme

Staline, qui d'ailleurs se trompe lourdement, pense ainsi poursuivre en toute tranquillité sa politique opportuniste en U.R.S.S. ainsi qu'à l'échelle internationale.

Dans un parti à base prolétarienne et à principes communistes, l'opportunisme ne peut se frayer la voie et se maintenir qu'en faussant toute l'information, qu'en étouffant toute discussion, mettant ainsi la masse communiste dans l'impossibilité d'élaborer la politique juste et de contrôler l'activité de ses dirigeants.

Capitulation de Staline devant les traîtres du Conseil Général lors du Comité anglo-russe de Berlin au mois d'avril dernier, capitulation de Staline devant la bourgeoisie chinoise et ses généraux, recul toujours plus accentué devant le koulak, le nepman et le bureaucrate à l'intérieur, devant l'impérialisme britannique et mondial à l'extérieur, politique reconnaissant les dettes tsaristes, mettant en danger le monopole du commerce extérieur et ébranlant les bases de la dictature du prolériat, c'est contre tout cela que se dressent les meilleurs communistes en U.R.S.S. et dans le monde entier.

Pour développer cette politique néfaste, Staline et ses partisans dans toute l'Internationale, aggravent sans cesse un régime intérieur d'oppression et de soumission bureaucratiques.

Un tel régime n'est que la caricature du centralisme démocratique prêché et appliqué par Lénine.

Un tel régime représente, non la discipline de fer de l'avant-garde communiste du prolétariat, mais la pression croissante et de plus en plus brutale exercée par les classes et couches sociales hostiles au prolétariat contre son avant-garde communiste.

Le scandale des convocations au dernier Comité Central français

En France, le noyau qui dirige actuellement le parti, vient de fournir un exemple typique des méthodes d'étouffement bureaucratique et de la volonté scissionniste des partisans du groupe Staline.

Le dernier Comité Central des 9 et 10 novembre a été convoqué dans des conditions inouïes d'irrégularité et de scandale.

Le noyau dirigeant du Parti a abusé du caractère secret que devait revêtir le Comité Central, pour substituer à celui-ci une Assemblée composée d'une manière absolument arbitraire.

Beaucoup de membres du Comité Central ont reçu leurs convocations quelques heures seulement avant la réunion.

Les rendez-vous pris furent organisés de façon à mettre de nombreux membres dans l'impossibilité de trouver le lieu de la réunion et de participer à ses travaux.

Ce fut le cas, même pour Renaud Jean, qui cependant est membre du Bureau politique.

L'ouvrier Beors écarté du Comité Central

En ce qui concerne notre camarade Beors, le scandale a dépassé toutes limites.

Le camarade Beors est actuellement le seul membre du Comité Central travaillant à l'usine.

Il n'a pas été convoqué.

S'étant présenté au siège du parti, il lui fut officiellement déclaré « qu'il n'y avait pas de session du Comité Central » et « qu'il pouvait retourner à son usine ».

Le secrétariat du parti prétend maintenant que Beors a été écarté parce que, sous le coup d'accusations graves, il est déféré devant la Commission de contrôle.

Il est vrai que depuis de longs mois, Beors est l'objet d'une abominable campagne de calomnies, comme il est de plus en plus coutume d'en mener contre l'opposition en Russie et dans toute l'Internationale.

Mais c'est Beors, qui pour balayer ces calomnies a demandé *lui-même,* à plusieurs reprises d'être traduit devant la Commission de contrôle. Ce n'est qu'après bien des résistances que Beors a obtenu *enfin* la possibilité de se justifier devant la commission de contrôle.

Et celle-ci, au moment ou Beors est écarté arbitrairement du Comité Central n'a pas encore rendu son verdict sur le fond de l'affaire.

Avec de telles méthodes, la calomnie devient toute-puissante. Plus besoin de preuves du moment qu'il s'agit d'un oppositionnel.

Voilà comment le noyau dirigeant du parti traite un ouvrier d'usine, membre du Comité Central, coupable seulement de ne pas se courber servilement devant l'opportunisme de Staline et de ses partisans en France.

Pseudo-Comité Central de surprise

Les convocations adressées à ceux qu'on n'avait pas osé ouvertement écarter, ne portaient aucun ordre du jour.

Alors que les questions les plus graves se posent devant le parti et devant l'Internationale, aucun document permettant leur étude approfondie, n'a été remis préalablement aux membres du Comité Central.

En revanche, les privilégiés ou les chanceux qui parvinrent jusqu'au pseudo-Comité Central, reçurent un paquet de documents majoritaires si volumineux — plusieurs centaines de pages — que leur lecture attentive aurait demandé plusieurs jours de travail.

Assemblée irrégulière : décisions non valables

Ce pseudo-Comité Central ne saurait aux yeux d'aucun membre honnète de notre parti. être assimilé au véritable Comité Central, issu du congrès de Lille.

Il s'agit d'une assemblée arbitrairement composée par le noyau dirigeant du parti. Assemblée irrégulière substituée par lui au Comité Central régulier.

Chaque membre honnête du parti proclamera *non valables* les décisions issues de cette assemblée *irrégulière.*

Le fait d'avoir convoqué le Comité Central dès le deuxième jour au siège public de la région parisienne, montre d'ailleurs, il faut le noter en passant, le fiasco complet de l'effort ridicule de clandestinité accompli par la direction.

L'exclusion de Treint n'est pas valable

Et, c'est ce pseudo Comité Central qui, entre autres décisions dont la plupart sont demeurées inconnues du parti, vient de prononcer l'exclusion de Treint du Comité Central.

Toutes les forces saines du parti élèveront la protestation la plus énergique contre cette exclusion.

Tout d'abord, l'exclusion de Treint, du seul point de vue de la légalité communiste, est *antistatutaire.*

Si, dans le passé, des mesures analogues furent prises, c'était, non en violation de statuts communistes, mais en violation des vieux statuts social-démocrates qui contredisaient ceux de l'Internationale.

Le congrès de Lille a mis les statuts du parti en harmonie avec ceux de l'Internationale, et, une année s'est à peine écoulée, que la direction opportuniste de notre parti français, dans l'intérêt du groupe Staline, viole déjà délibérément la charte du parti.

Treint a communiqué à Leboursier, membre du parti, un document non secret, rédigé par lui et adressé à l'Exécutif de l'Internationale. Bien que cet acte n'ait aucun caractère fractionnel, Treint a été blâmé par le Comité Central du mois d'août. Cet acte ne saurait donc servir de base à l'exclusion.

Il est faux que Treint ait eu des pourparlers avec le groupe Ruth Fischer ou avec les bordiguistes français.

Il est faux que Treint ait essayé de se procurer les adresses des militants syndicaux.

Il est faux que Treint ait utilisé l'appareil de l'A.R.A.C. pour soutenir sa politique.

Toutes ces accusations ne reposent *sur rien.* Elles n'ont été lancées que pour faire pression sur les membres du Comité Central afin de leur arracher plus facilement l'exclusion de Treint.

Pas de sanctions contre l'ouvrier Gaston Faussecave

La plus caractéristique de ces accusations sans fondement, c'est celle qui consiste à faire porter à Treint la responsabilité de la brochure publiée par le camarade Gaston Faussecave, brochure reproduisant d'importants documents de l'opposition russe.

L'acte d'indiscipline commis par Gaston Faussecave, ne saurait être jugé du seul point de vue formel. Les véritables responsables de cet acte, sont nos dirigeants opportunistes, qui au mépris de leurs engagements précis et répétés, se sont refusés à fournir au parti, qui a exprimé des dizaines de fois sa volonté de les connaître, les documents essentiels de l'opposition russe.

Ce n'est pas contre Gaston Faussecave qu'il faut prendre des sanctions, mais contre ceux qui *cachent* la vérité au parti.

Contre l'exclusion de Treint du Comité Central

En face du pseudo-Comité Central irégulier de novembre, en face des procédés scandaleux de pression et de mensonge par lesquels fut arrachés l'exclusion de Treint, refusée par le Comité Central régulier de septembre nous proclamons cette exclusion nulle et non avenue, et nous en appelons contre elle au parti tout entier, exactement informé et régulièrement consulté.

En dépit de tous les prétextes invoqués pour écarter Treint du Comité Central, la véritable raison de cet acte éhonté d'arbitraire doit être recherchée dans la déclaration politique qu'il a adressé au mois d'août dernier, à la fois au Comité Central de notre parti et à l'exécutif de l'Internationale, déclaration qui se prononçait de façon énergique contre la politique du groupe Staline en Chine et en U.R.S.S.

Nous nous proclamons *solidaires* des opinions politiques exprimées par Treint dans sa déclaration.

La plate-forme de l'opposition française

Devant les fautes opportunistes de plus en plus graves, devant les mesures de répression de plus en plus arbitraires et toujours plus ouvertement scissionnistes du groupe Staline en U.R.S.S. comme dans toutes les sections de l'Internationale, nous considérons comme notre devoir impérieux de communistes, d'exprimer pour être soumis à l'examen de tout le parti, notre point de vue sur les grandes questions d'ordre national et mondial qui se posent devant toute l'Internationale.

Nous devions déposer au dernier Comité Central notre plate-forme.

Notre document serait déjà entre les mains de la direction, si les procédés irréguliers et scandaleusement arbitraires employés par le noyau dirigeant, n'avaient empêché la tenue d'un Comité Central régulier.

Pas de véritable discussion si l'on exclut les contradicteurs

Les menaces d'exclusion du parti, brandies à la fin de la résolution du dernier pseudo Comité Central contre divers camarades coupables de s'être solidarisés avec l'opposition russe, montrent la volonté arrêtée de la part des dirigeants opportunistes, en France comme de la part du groupe Staline en U.R.S.S. de vider le parti de tout élément oppositionnel et léniniste, avant d'instituer la discussion sur la politique opportuniste et scissionniste pratiquée sciemment, ici comme là-bas.

La preuve en est fournie d'une manière indiscutable par la décision prise de commencer dans le parti français la discussion sur les exclusions de Trotsky et de Zinoviev, *seulement après* que le Congrès du parti russe, préparé à la Staline, aura aggravé le régime des exclusions en masse, permettant ainsi, en pratique d'achever la scission.

Pas de diversion !

Le parti français doit s'élever contre toute manœuvre de diversion tendant à masquer le péril *imminent* de la scission que Staline *se prépare* à achever.

La « lettre ouverte » adressée aux membres du parti par le pseudo dernier Comité Central, est un exemple typique de ces manœuvres de diversion.

Cette « lettre ouverte » ne reconnaît tardivement et insuffisamment une faible partie des fautes commises, que pour illusionner à nouveau les ouvriers qui commencent à voir clair, pour les rallier à la direction opportuniste du parti, et pour détourner leur attention de la scission que Staline veut mener jusqu'au bout, en U.R.S.S. d'abord, dans l'Internationale ensuite.

Le Congrès russe de la scission staliniste

En U.R.S.S., la préparation du 15e Congrès du parti russe se fait dans des conditions qui sont un défi à tout le passé bolchévique du parti.

La masse communiste ne connait rien des opinions politiques de l'opposition. A la discussion, Staline substitue une abominable campagne de calomnies dans toute l'Internationale.

L'opposition léniniste n'a rien de commun avec le complot des garde-blancs monté de toutes pièces par un agent provocateur de Staline.

L'Humanité a publié l'article ignominieux de Vaillant-Couturier à ce sujet. Mais *elle* cache le démenti accusateur, net et catégorique de Zinoviev et Trotsky.

Le pseudo Congrès du parti russe qui va se réunir le 1er décembre, est préparé en dehors de toute discussion, par les exclusions en masse, les emprisonnements, les campagnes de calomnies et les mesures d'exil.

Appuyé sur un appareil entièrement bureaucratisé, qui en réalité prend seul les décisions et impose au parti les idées de la fraction dirigeante, Staline a pu déclarer aux délégations ouvrières comprenant des sans-parti, des socialistes et des confédérés, que l'opposition n'aurait pas de délégués au 15e Congrès.

Personne ne peut nier cependant que l'opposition dans notre parti frère de l'U.R.S.S. compte de nombreux partisans. Un Congrès qui ne serait pas convoqué sous le signe de la Gué-Pé-Ou, traquant non plus les contre-révolutionnaires, mais les véritables communistes serait capable de travailler au redressement indispensable et urgent au sein du parti russe.

Mais, Staline, pour maintenir sa politique opportuniste, en dépit du mécontentement grandissant des ouvriers et paysans pauvres, se débarrasse par tous les moyens de tous les éléments révolutionnaires avertis du parti russe, et s'apprêté à dicter au 15e Congrès les mesures lui permettant d'achever la scission.

Debout contre la scission staliniste !

Le salut à l'heure actuelle, pour le parti russe, pour l'Internationale et pour la Révolution russe, est entre nos mains.

Tous les éléments sincèrement révolutionnaires doivent se dresser de toute leur énergie contre la scission voulue par Staline en U.R.S.S., en France et dans toute l'Internationale.

Il ne faut pas permettre à personne de faire du parti de Lénine un parti opportuniste, vidé de ses éléments de gauche et amputé de deux de ses meilleurs chefs.

Il ne faut permettre que l'Internationale soit dirigée de plus en plus par d'anciens menchéviks et social-démocrates à la Martinov et à la Sméral.

A l'heure présente, la plus grave responsabilité pèse sur chacun de nous.

Avant que le crime soit consommé, nous jetons le suprême cri d'alarme.

Nous sommes persuadés que tous les éléments sains de notre parti, que tous les militants sincèrement révolutionnaires élèveront la voix sans plus tarder et sauront se faire entendre.

A bas la scission Staliniste !

Vive l'unité léniniste-internationale !

Henri BARRÉ ; Louis BEORS ; Marguerite FAUSSECAVE ; Suzanne GIRAULT ; Albert TREINT.

Membres du Comité Central.

Paris le 22 novembre 1927.

Paris, le 22 novembre 1927.

La présente plate-forme avec son additif, est transmise à la direction du parti pour être soumise à la discussion du parti.

Au cours de la discussion, elle pourra être précisée, conformément aux suggestions de tous ceux qui, se plaçant sur le terrain du léninisme authentique, seront en accord avec elle sur les questions fondamentales qui se posent devant toute l'Internationale communiste.

Henri Barré ; Louis Beors ; Marguerite Faussecave ; Suzanne Girault ; Albert Treint.
Membres du Comité Central.

Pour le bolchévisme, pour le léninisme ! Contre le revisionnisme staliniste dans l'Internationale et dans le parti français

---

I. — LA SITUATION INTERNATIONALE

Caractère précaire de la stabilisation capitaliste

Le développement de la situation internationale montre le caractère précaire de la stabilisation capitaliste.

La situation internationale est caractérisée par les traits suivants :

1° renforcement de l'offensive capitaliste.

Dans les métropoles : rationalisation, chômage total et partiel, attaque contre les salaires, attaque pour l'allongement de la journée de travail, répression croissante contre les organisations défendant les intérêts ouvriers.

Dans les colonies : lutte pour le renforcement de l'exploitation impérialiste, agression directe ou indirecte contre les mouvements émancipateurs (bombardement de Nankin, coups d'Etat contre-révolutionnaires des généraux chinois).

2° RÉSISTANCE CROISSANTE DES MASSES ET PARFOIS PASSAGE A L'OFFENSIVE.

Par exemple : lutte Sacco-Vanzetti dans le monde entier, insurrection viennoise, révolution chinoise.

3° RENFORCEMENT DES RIVALITÉS IMPÉRIALISTES.

A l'intérieur de l'Europe, rivalités autour de la Méditerranée et des Balkans, rivalités entre cartels industriels ou à l'intérieur de ceux-ci.

Hors d'Europe : rivalité mondiale des Etats-Unis et de l'Angleterre lutte pour le pétrole entre la *Standard Oil* et la *Royal Dutch*, conférence navale tripartite : Etats-Unis, Angleterre, Japon.

Des regroupements s'opèrent entre puissances capitalistes en vue des luttes futures. En Europe, diverses tendances se manifestent pour le Bloc continental, pour l'alliance avec l'Angleterre, pour la soumission aux E.-U. Hors d'Europe : le Japon joue son jeu entre l'Angleterre et les E.-U.

A l'intérieur du monde capitaliste, le fait dominant de la période actuelle est le développement de l'impérialisme des E.-U. à une vitesse vertigineuse, distançant l'ensemble des autres impérialismes, dont les uns croissent et les autres déclinent à une allure beaucoup moins vive. Le marché intérieur des E.-U. approche à son point de saturation. L'allure du développement impérialiste des E.-U. ne peut se maintenir que par une lutte acharnée pour les marchés extérieurs : querelle douanière avec la France, réglement des dettes, resserrement et suppression des crédits aux pays concurrents, etc...

4° RENFORCEMENT ET PASSAGE EN PREMIER PLAN DE LA LUTTE CONTRE L'U.R.S.S. EN TANT QU'ÉTAT PROLÉTARIEN.

A l'intérieur de l'U.R.S.S., croissance des forces de réaction thermidorienne qui sont le prolongement du capital mondial.

A l'extérieur, rupture des relations diplomatiques entre l'Angleterre et l'Union, lutte de la réaction française pour la rupture, politique impérialiste d'encerclement et d'agression contre l'Union.

Dangers de guerre, course aux armements

Dans cette situation, la course aux armements terrestres et navals, la préparation méthodique à la guerre totale, se poursuivent fiévreusement à travers le mensonge pacifiste bourgeois de la S.D.N. et des conférences de désarmement. Ainsi se prépare la guerre civile contre le prolétariat, les agressions coloniales, les futures guerres des impérialismes entre eux, et avant tout l'agression contre l'U.R.S.S.

Dangers de guerre contre l'U. R. S. S.

Dans l'ensemble du monde, la lutte fondamentale, c'est la lutte entre, d'une part l'ensemble des forces impérialistes, et d'autre part, l'ensemble des forces révolutionnaires dirigées par l'Internationale communiste, considérée comme centre de la Révolution mondiale. Au premier rang, des forces révolutionnaires, se place l'Union soviétique en tant qu'Etat prolétarien.

Les rivalités impérialistes, tout en s'aggravant dans l'ensemble à l'intérieur du système capitaliste, entravent, mais n'empêchent pas de se développer les tendances à la formation à un Bloc impérialiste contre l'U.R.S.S. chaque fois que la révolution menace de s'étendre, ou *chaque fois qu'apparaissent des possibilités d'en finir avec le premier Etat prolétarien.*

L'Union soviétique éprouve des difficultés pour dépasser son niveau économique d'avant-guerre. L'accumulation socialiste, encore à son début, ne peut fournir que lentement les capitaux nécessaires à l'industrialisation. L'allure du développement industriel, rapide au cours des dernières années où il ne s'agissait guère que de remettre en marche l'ancien appareil industriel, se ralentit brusquement lorsqu'il faut construire de nouvelles usines. C'est pourquoi l'Union soviétique traverse une crise industrielle, économique, politique et sociale.

L'impérialisme mondial, en proie à de grandes difficultés, privé de la possibilité d'exploiter l'immense marché russe, l'impérialisme britannique en tête, menacé dans son empire colonial par le rayonnement de la révolution russe, guette depuis longtemps l'Union soviétique à ce tournant difficile, utilise ses difficultés intérieures et lui suscite des difficultés extérieures.

La politique du groupe Staline aggrave le danger

A l'intérieur, la politique du groupe Staline n'oppose pas une résistance suffisante à la croissance des éléments de réaction thermidorienne. A l'extérieur, en la freinant, elle a mené la Révolution chinoise à la défaite, elle a capitulé complètement en avril 1927 à Berlin devant le Conseil Général traître des Trades-Unions.

Cette politique opportuniste désorganise les forces révolutionnaires, entrave la lutte des masses, accroît l'audace des impérialistes, et de capitulation en capitulation, aggrave sans cesse le danger de guerre contre l'U.R.S.S.

II. — LA DEFAITE DE LA REVOLUTION CHINOISE.

Importance de la Révolution chinoise

Marx et Engels, puis Lénine, ont marqué fortement l'importance de la révolution chinoise, qui arrachant à l'impérialisme une des principales bases de son exploitation coloniale, ferait mûrir la Révolution en Angleterre et sur le continent. Le développement de la Révolution chinoise augmentait nos forces contre l'impérialisme et constituait un des éléments de la sécurité de l'U.R.S.S. La défaite de la Révolution chinoise affaiblit l'Union soviétique.

Les principes posés par le 2e Congrès mondial

En ce qui concerne l'activité révolutionnaire dans les pays arriérés, coloniaux et semi-coloniaux, le 2e congrès mondial, sous la direction de Lénine a posé les principes suivants :

1° Indépendance des partis communistes, même aux colonies.

2° Indépendance du mouvement ouvrier « même sous la forme la plus embryonnaire », vis-à-vis de la bourgeoisie nationale.

3° Lutte du prolétariat pour l'hégémonie dans le mouvement d'émancipation nationale, même dans la phase où la Révolution nationale ne peut encore s'assigner immédiatement que des objectifs démocratiques bourgeois. Ce principe comporte le développement de la lutte des classes à l'intérieur du mouvement national.

4° Propagande incessante de l'idée des soviets, considérés comme une forme d'organisation de la lutte des masses susceptibles de s'adapter aux conditions pré-capitalistes (féodalités, artisanat).

5° Création des soviets aussitot que possible.

6° Possibilité du développement non-capitaliste des pays arriérés coloniaux et semi-coloniaux. L'application des principes ci-dessus rappelés devait permettre de développer les pays arriérés vers le socialisme, en évitant la phase capitaliste, à condition que les mouvements nationaux-révolutionnaires jouissent du soutien le plus entier de l'U.R. S.S. et des prolétaires des pays capitalistes avancés. Faute de respecter ces principes, le mouvement national sous l'hégémonie de la bourgeoisie, prend, *non un cours bolchévik,* mais *un cours kémaliste* et, comme en Turquie, se fixant dans la phase bourgeoise, devient pendant cette période un instrument de l'impérialisme.

De ces principes de stratégie révolutionnaire, le 2e Congrès mondial tirait les principes tactiques suivants :

Dans les pays arriérés soumis au joug de l'impérialisme étranger, *l'alliance du prolétariat indigène avec la bourgeoisie nationale* est possible, mais ce n'est possible que si *les deux conditions* suivantes sont remplies :

1° *La bourgeoisie nationale lutte effectivement contre l'impérialisme.*

2° *La bourgeoisie nationale n'empêche pas le parti communiste de travailler à l'éducation, à l'organisation et à la préparation de l'action révolutionnaire des masses ouvrières et paysannes.*

Le groupe Staline a violé les principes du 2e Congrès mondial

Tous ces principes *ont été violés* par le groupe Staline, malgré les efforts de l'opposition pour les faire respecter.

Pour masquer cette violation, le groupe Staline a lancé des accusations *fausses* contre l'opposition (accusation de vouloir sauter par-dessus la phase démocratique bourgeoise, accusation de vouloir sortir du Kuomintang, etc...)

Pour masquer cette violation : le groupe Staline, invoquant la situation *originale* de la Chine, a repoussé la comparaison avec 1905, comparaison faite par Lénine et confirmée par Losovsky en mai dernier, lors de son voyage en Chine. Admettre cette comparaison c'eut été ouvrir les yeux des ouvriers russes.

Principes violés :

1° *Indépendance du parti communiste chinois.*

Le parti chinois s'est subordonné à la bourgeoisie nationale dans le Kuomintang (Renonciation à critiquer le Kuomintang à l'extérieur.

Renonciation à critiquer le Sun-Yat-Senisme, doctrine du libéralisme bourgeois. Renonciation à exiger la reconnaissance légale du parti. Renonciation à recruter, dans certains cas. Renonciation à créer un appareil illégal de combat. Renonciation à armer les ouvriers. Interdiction, *par Moscou* de créer des cellules dans l'armée nationale. Opposition sourde *de Moscou* à la création d'un journal quotidien, arme cependant nécessaire en pleine révolution.

2° *Indépendance du mouvement ouvrier.*

Le parti chinois a usé de son influence pour soumettre le mouvement ouvrier aux exigences du gouvernement de la bourgeoisie nationale. (Interdiction de faire de la politique dans les Ligues Paysannes. Interdiction aux syndicats d'arrêter les ennemis de la Révolution. Interdiction des piquets ouvriers. Désarmement des ouvriers, etc...)

3° *Lutte du prolétariat pour l'hégémonie.*

Le parti chinois a freiné la lutte de classe menée par le prolétariat pour conquérir l'hégémonie dans le mouvement d'émancipation nationale. Il a couvert de son silence la répression bourgeoise. (Premier coup d'Etat de Chang Kaï Chek le 20 mars 1926. Fusillades d'ouvriers à Ou-Tchéou en août 1926, à Canton, dans l'atelier du chemin de fer. A Ma-Ti-Tchen : 10 tués en octobre et en novembre 1926. A Houan, organisation paysanne détruite, pendaison de son chef. Répression des grèves de Canton et de Ouhan. En janvier 1927, à Canton, coup d'Etat du général Li-Ti-Tsin. En février 1927, dissolution des organisations ouvrières par l'école militaire de Chang-Kaï-Chek, etc... Interdiction de faire grève. Arbitrage obligatoire dans les conflits entre patrons et ouvriers).

Toute cette politique, violant le principe de l'indépendance du parti chinois, le prncipe de l'indépendance du mouvement ouvrier et de sa lutte pour l'hégémonie, *a été inspirée* par le groupe Staline. Le groupe Staline a *caché les faits. Il a faiblement critiqué la politique qu'il avait inspirée seulement après la défaite.*

La délégation internationale, dont faisait partie le camarade Doriot, en acceptant d'être reçue officiellement par le général Li-Ti-Tsin immédiatement après son coup d'Etat, a donné l'investiture de l'Internationale communiste à Li-Ti-Tsin au moment même où il se livrait à la plus féroce répression contre les ouvriers.

4° *Propagande incessante de l'idée des Soviets.*

Le groupe Staline a interdit cette propagande dans le moment même où elle pouvait aboutir à la création de soviets.

5° *Création des Soviets.*

Le groupe Staline a interdit de créer des Soviets en plein essor du mouvement révolutionnaire. Quand les Ligues paysannes faisaient la Révolution agraire et fonctionnaient comme de véritables soviets, le groupe Staline a prescrit de limiter la révolution agraire. Tan-Pin-San, ministre communiste de l'Agriculture, a pris la tête d'une expédition contre la Révolution agraire pour la limiter et il ne fut désavoué *qu'après coup.* En exploitant les directives du groupe Staline, le gouvernement de Ouhan a mené la lutte armée contre la révolution agraire. Sur place, généraux et officiers de l'armée nationale qui sont presque tous de grands propriétaires fonciers, ont non seulement *limité* mais *écrasé* la Révolution agraire et les Soviets paysans.

6° *Possibilité du développement non-capitaliste de la Chine.*

La violation de tous les principes précédents a favorisé la victoire de la bourgeoisie nationale sur le prolétariat, et cette victoire tend à fixer la Chine dans la phase capitaliste. La lutte ultérieure du prolétariat et de la paysannerie est ainsi rendue plus difficile. Seule une politique juste, conforme aux principes du 2e Congrès mondial, eut permis de lutter efficacement pour le développement non-capitaliste de la Chine, pour le développement de la Chine vers le socialisme en évitant la phase capitaliste.

Le groupe Staline a développé une idéologie antimarxiste et antiléniniste

Le groupe Staline a laissé justifier idéologiquement sa politique en capitulant complètement devant les théories menchéviques de Martinov, combattus autrefois par Lénine avec acharnement.

La lutte des classes a été présentée comme pouvant se résoudre en Chine dans des *Commissions d'arbitrage* précisément au moment où la bourgeoisie nationale la résolvait à son profit par la force des armes.

La subordination du mouvement ouvrier à la bourgeoisie nationale dans le Kuomintang a été présentée comme le « Bloc des Quatre Classes » (prolétariat, paysannerie, petite bourgeoisie, grande bourgeoisie). Le « Bloc des Quatre Classes ». C'était en réalité le Bloc des bourreaux bourgeois et des victimes ouvrières et paysannes.

Le gouvernment du Kuomintang a été présenté non comme le gouvernement de la bourgeoisie nationale, contre lequel il fallait appeler les masses à lutter, mais comme le « Gouvernement du Bloc des Quatre Classes » auquel on appelait les masses en révolution à se soumetre.

Alors que le bolchévisme a formé les Soviets en 1905, alors que Lénine a proclamé qu'entre avril et octobre 1917, les Soviets avaient à leur manière, *réalisé la dictature démocratique des ouvriers et des paysans* avant de devenir les organes de *la dictature du prolétariat*, le groupe Staline a affirmé dans sa résolution de l'Exécutif de mai dernier, que former des Soviets, c'est proclamer immédiatement la dictature du prolétariat. Et le camarade Doriot a ensuite développé longuement dans le parti français cette singulière affirmation démentie par l'histoire élémentaire des deux Révolutions russes, de la Révolution hongroise et de la Révolution bavaroise.

Se mettre à la remorque de la bourgeoisie libérale, s'incliner devant toutes ses exigences et capituler enfin devant elle pour l'empêcher de passer dans le camp de la réaction et de l'impérialisme, a été représenté comme une tactique bolchévique, alors qu'il s'agit là d'une rupture *de principe* avec tout l'enseignement de Marx et de Lénine qui n'ont cessé de mettre en garde contre cette doctrine opportuniste et menchévique.

« Cette politique est criminelle » (Trotsky)

La politique du groupe Staline a sacrifié les ouvriers et les paysans, c'est-à-dire les forces motrices essentielles de la Révolution chinoise à l'alliance avec la bourgeoisie nationale, et précisément au moment où celle-ci s'apprêtait à porter les coups décisifs à la Révolution.

« Cette politique est criminelle, a écrit Trotsky dans sa *critique des thèses de Staline.* Avant de l'avoir condamnée impitoyablement, impossible de faire un pas en avant. »

III. — LE COMITE ANGLO-RUSSE ET LA LUTTE CONTRE LA GUERRE

La trahison de la grève générale anglaise

Le Comité anglo-russe était un bloc politique entre les *deux organisations syndicales* les plus puissantes du monde : la C.G.T. russe dirigée par le parti bolchévique et les Trades-Unions dirigées par le Labour Party

Au cours de la grève générale, la C.G.T. russe aurait dû dénoncer sans merci l'élaboration de la trahison alors que le Conseil général se refusait à recevoir « l'argent maudit » des syndiqués russes.

Quel aurait été le cours des événements si nous avions pratiqué cette politique véritablement bolchévique, nul ne peut le prévoir avec exactitude. Mais ce qui est absolument certain, c'est que de larges couches d'ouvriers anglais auraient été ainsi éclairés par nous.

Si, sous notre critique, l'afflux des masses anglaises vers nous eût été suffisamment rapide, le refus de rester plus longtemps à côté des chefs traîtres, dans des circonstances aussi favorables, eut permis d'accélérer encore l'afflux de ces masses vers nous au cours même de l'action.

E ntous cas, après la trahison de la grève générale, le Comité anglo-russe *n'était plus viable,* les chefs réformistes et traîtres d'Angleterre engagés à fond dans le camp de l'impérialisme britannique ne pouvant supporter *sans rompre* la critique *véritablement bolchévique.*

Après la trahison, il aurait fallu continuer à critiquer *sans merci* les traîtres de droite; *et davantage encore les traîtres de gauche,* les plus dangereux parce qu'habiles à cacher leur trahison sous la phrase révolutionnaire.

Au moment où le Conseil général aurait pris *l'initiative de la rupture,* il aurait fallu dénoncer avec plus de force que jamais *leur politique scissionniste, conséquence de leur politique de trahison.*

La lutte contre les chefs traîtres et scissionnistes, portée au sein des masses anglaises, eût permis d'enrayer tout mouvement de désertion des syndicats, d'arracher de nouvelles couches ouvrières à l'influence des chefs traîtres, et de nous lier internationalement avec elles.

Vers la capitulation

Au lieu de mener cette politique, le groupe Staline a constamment atténué la critique vis-à-vis des chefs traîtres, et en particulier la critique vis-à-vis des chefs traitres de gauche, afin de maintenir *à tout prix* le Comité anglo-russe.

Le groupe Staline a été ainsi de renoncements en renoncements. Il suffit pour s'en rendre compte, de lire les résolutions adoptées par les conférences anglo-russes de Paris en juillet 1926, de Berlin en août 1926, ainsi que les articles parus à ce sujet dans notre presse communiste internationale.

La politique du groupe Staline a trouvé son achèvement à la conférence de Berlin du Comité anglo-russe au début d'avril 1927.

La capitulation de Berlin

La résolution de Berlin constitue une capitulation de *principe.*

Il est inadmissible de reconnaître le Conseil général traître comme « l'unique représentant et porte-parole » du mouvement syndical de Grande-Bretagne. Et cela précisément au moment où le Conseil Général réprime avec la plus grande brutalité le mouvement minoritaire.

Il est inadmissible de renoncer à critiquer le Conseil Général, de renoncer « à porter atteinte à son autorité », de renoncer à s'occuper des « affaires intérieures » du mouvement syndical anglais. Et cela précisément au moment où le Conseil général se sert de son autorité pour freiner la lutte ouvrière anglaise contre le Bill antisyndical et contre le gouvernement Baldwin qui prépare la guerre contre l'U.R.S.S.

Les conséquences de la capitulation de Berlin

Le Comité anglo-russe a joué le rôle non « d'un pont vers les masses » anglaises, mais celui « d'un mur » entre ces masses et nous.

Les syndicats russes, eux qui représentent les ouvriers les plus directement menacés par la guerre contre l'U.R.S.S., renonçant à appeler *eux-mêmes* les ouvriers anglais à leur secours, toute la lutte ouvrière contre la guerre s'est trouvée freinée dans le monde entier.

Le gouvernement Baldwin a senti croître son audace. La capitulation de Berlin a facilité l'agression contre les institutions soviétiques à Pékin et à Londres, ainsi que la rupture des relations diplomatiques entre l'Angleterre et l'Union soviétique.

La théorie des circonstances exceptionnelles de Boukharine

A l'Exécutif de mai dernier, Boukharine a tenté de justifier la capitulation de Berlin par la théorie des circonstances exceptionnelles.

Selon cette théorie, il y aurait des circonstances *exceptionnelles* où nous serions obligés *de faire infraction à nos principes* afin de ménager *les intérêts diplomatiques de l'U.R.S.S.*

Cette théorie oppose *faussement*, d'une part les intérêts diplomatiques de l'U.R.S.S. qui nécessiteraient une infraction aux principes bolchéviques, et d'autre part les intérêts du prolétariat intersational, qui eux requièrent l'application des principes bolchéviques.

Or, plus les circonstances sont *eexceptionnellement graves* et plus Lénine a proclamé toujours que les intérêts de l'Etat prolétarien et les intérêts du prolétariat international, loin de s'opposer, sont au contraire indissolublement liés les uns aux autres.

Les circonstances *exceptionnelles* invoquées par Boukharine c'est la menace de guerre.

Contrairement à la théorie de Boukharine, l'Union soviétique doit se défendre par les méthodes révolutionnaires propres à l'Etat prolétarien, le seul qui puisse recrercher le salut dans le développement de la lutte des classes vers la Révolution mondiale, et non comme le pense Boukharine, par les méthodes d'étroitesse nationale que les autres Etat emploient pour se préserver d'une agression.

Kautsky, qui est devenu le chef idéologique de la IIe Internationale en face de la guerre, considérée comme circonstance exceptionnelle, préconisait l'abandon de la lutte des classes et le Bloc avec la bourgeoisie.

Boukharine, en face de la menace de guerre, considérée par lui comme circonstance exceptionnelle, préconise des infractions à nos principes de lutte de classe et le Bloc à *tout prix* par en haut seulement avec les chefs réformistes.

C'est la voie du révisionnisme.

La théorie de Boukharine tourne le dos à la Révolution mondiale

Lorsque Lénine faisait des concessions à la bourgeoisie, il négociait avec les patrons directement et non par l'intermédiaire des laquais menchéviques.

Les concessions de Lénine portaient sur l'argent et les territoires, *jamais sur les principes.* En échange, Lénine gagnait le temps nécessaire pour mobiliser de nouvelles couches ouvrières et pour augmenter les forces révolutionnaires dans le monde entier.

Les concessions du groupe Staline aux Purcell et autres laquais de Chamberlain *portent sur les principes.* Sans rien recevoir, Tomsky renonce à appeler au secours les ouvriers anglais et diminue ainsi les forces révolutionnaires dans le monde entier.

Si la menace de guerre est une circonstance *exceptionnelle* selon Boukharine, alors la guerre elle-même est une circonstance *encore bien plus exceptionnelle.*

« Selon la théorie de Boukharine, quand il s'agira, non plus de maintenir la paix menacée, mais de négocier le retour à la paix perdue, il faudra bien davantage encore prendre les Purcell et les Longuet comme courtiers de la paix, et renoncer à appeler au secours les opprimés du monde entier. »

Ceux-ci seront invités, *selon la théorie boukharinienne des circonstances exceptionnelles,* à ne pas gêner, par le développement de leur activité révolutionnaire de classe, la singulière diplomatie du groupe Staline, diplomatie qui est en contradiction absolue avec les intérêts communs de l'Etat prolétarien et du prolétariat international.

Et en cas de guerre contre l'Union soviétique, lorsque Staline, au nom de la théorie des circonstances exceptionnelles, prendra les agents de Chamberlain et de Poincaré dans le mouvement ouvrier comme courtiers chargés par lui de s'entremettre pour le rétablissement de la paix, lorsque Staline fera le bloc avec Purcell et Longuet, comment donc Doriot, Semard, Murphy, pourront-ils donc appeler le prolétariat de leurs pays respectifs à lutter contre les Purcell et les Longuet pour transformer la guerre impérialiste en guerre civile révolutionnaire ?

Si la théorie boukharinienne des circonstances exceptionnelles pouvait trouver droit de cité dans l'Internationale communiste, les partis affiliés pourraient l'invoquer dans toute guerre et même en dehors de toute guerre. Si l'on admet une telle théorie pourquoi donc mener la lutte révolutionnaire, puisque toute nouvelle révolution victorieuse, en adhérant à l'Union soviétique, créerait par là même des *circonstances exceptionnelles*, susceptibles d'amener l'ennemi impérialiste en armes à se ruer sur l'Union soviétique ainsi agrandie ? Ne vaut-il pas mieux renoncer à la Révolution mondiale, dans l'intérêt de l'U.R.S.S., entendu à la manière de Boukharine, c'est-à-dire *faussement*.

Il ne s'agit d'ailleurs nullement de dangers imaginaires.

Il est tout à fait remarquable que lors de l'insurrection viennoise, ni le parti communiste autrichien, ni l'Internationale communiste, n'ont évoqué, en cas de développement victorieux du mouvement, l'adhésion de la révolution autrichienne à l'Union soviétique. En Chine, le groupe Staline s'est opposé à la création des Soviets. La menace de l'agression impérialiste a servi à y justifier non le Bloc à tout prix avec les chefs réformistes traîtres, mais le bloc *à tout prix* avec les traîtres bourgeois, généraux et chefs du Kuomintang.

La théorie de Boukharine aboutit à renoncer à la Révolution mondiale.

Comment le bolchévisme authentique lutte contre la guerre

Le bolchévisme authentique, celui de Lénine, nous a enseigné que l'avant-garde prolétarienne mène la lutte contre la guerre impérialiste, non en renonçant à mobiliser les masses pour la lutte des classes, en direction de la Révolution mondiale, non en faisant le bloc à *tout prix* avec les chefs traîtres, mais au contraire en dénonçant impitoyablement toutes les illusions réformistes. Pour s'en convaincre, il suffit de relire et de comprendre les instructions que Lénine donnait en 1922 à la délégation russe se rendant à la Conférence réformiste pour la paix qui se réunissait à **La Haye.**

IV. — LES BASES SOCIALES DE LA DEVIATION STALINISTE

Les tendances des diverses classes dans la politique extérieure de l'U. R. S. S.

Koulaks, nepmans, bourgeoisie ancienne et nouvelle, cherchent à échanger leur participation éventuelle à la défense de l'Union soviétique contre des concessions économiques et politiques qui peu à peu feraient perdre à celle-ci son caractère d'Etat prolétarien (main-mise sur les organes économiques et financiers, main-mise sur les soviets par l'extension du droit de vote, etc...) En même temps, ces éléments ne renoncent nullement, dans des circonstances favorables, à l'appui de l'impérialisme étranger pour restaurer le capitalisme.

A l'autre pôle social, se trouvent les ouvriers les plus conscients, qui, dans les problèmes de la politique extérieure et intérieure, restent fidèles à l'enseignement et à l'esprit de Lénine.

Entre ces deux pôles, la masse énorme de la petite bourgeoisie et de la paysannerie travailleuse, se demande si l'action révolutionnaire à l'étranger, ne va pas exciter l'impérialisme contre l'U.R.S.S., si en face des périls de guerre, nous sommes assez forts avec le seul appui des partis communistes, s'il ne faut pas aussi rechercher l'appui des chefs réformistes, même en leur faisant des concessions, et si la reconstruction et le développement économique de l'U.R.S.S. ne justifieraient pas, après tout, ce changement de politique.

La politique extérieure du groupe Staline

Par mille infiltrations quotidiennes, ces états d'esprit pénètrent nos institutions soviétiques qui baignent dans un océan de paysannerie et de petite bourgeoisie. Ces états d'esprit finissent par gagner certains cercles de notre parti russe, et même par exercer sur ses organismes dirigeants une pression croissante.

Au lieu d'opposer une ferme politique de classe à la croissance d'influence des éléments thermidoriens : koulaks, nepmans, bourgeoisie ancienne et nouvelle, bureaucrates, le groupe Staline cède à la pression des couches moyennes : petite bourgeoisie et paysannerie travailleuse, cède à leurs états d'esprit, et au lieu de les entraîner, les suit dans toutes leurs hésitations.

Ces couches moyennes, sentant leurs hésitations gagner notre camp, perdent confiance en nous et se tournent vers les koulaks, les nepmans, les bourgeois, sollicités eux-mêmes dans le sens du capitalisme mondial.

Ainsi la politique du groupe Staline compromet notre alliance avec la masse essentielle de la paysannerie, alliance qui est la base de la dictature du prolétariat.

Frappant *à gauche* contre l'opposition léniniste qui dénonce le péril de cette politique affaiblit à l'intérieur et à l'extérieur les forces révolutionnaires qui sont la meilleure défense de l'U.R.S.S. et en même temps, elle accroît l'audace des ennemis de l'intérieur et de l'extérieur, qui, eux, savent très bien distinguer entre les compromis, inévitables tant que coexistent l'Union soviétique et le capitalisme, et les capitulations continuelles qui diminuent sans cesse nos forces.

Le bilan passif de la politique extérieure du groupe Staline

Derrière la capitulation de Chine et la capitulation de Berlin, se cache le recul devant l'impérialisme en général, et devant l'impérialisme britannique en particulier.

Encouragée, la réaction en France a réclamé insolemment le rappel de Rakovsky, et dans la perspective la rupture des relations diplomatiques.

En face de cette campagne, la *Pravda* a gardé le silence pendant dix jours et *l'Humanité* pendant trois semaines — l'élève exagère toujours les défauts du maître.

. ais, pour endiguer tardivement cette campagne, le groupe Staline a reconnu qu'il doit « régler les emprunts d'avant-guerre émis par les anciens gouvernement russes ». C'est, en dépit des dénégations de pure forme de la *Pravda, la reconnaissance des dettes tsaristes.*

Le groupe Staline a offert pour rembourser les créanciers français *davantage* que ne donnent à ceux-ci l'Etat francais ou le kémalisme turc pour rembourser leurs dettes.

Et, comme il était facile de le prévoir, cela n'a pas empêché, bien au contraire, le gouvernement français d'exiger et d'obtenir le rappel de Rakovsky.

Sous l'influence du groupe Staline, l'I. C. a observé une attitude d'expectative dans le soulèvement lithuanien contre la dictature fasciste de Voldemaras, et elle a freiné l'activité du parti communiste lithuanien.

La politique extérieure du groupe Staline sacrifie à des combinaisons diplomatiques parfaitement incompréhensibles du point de vue ouvrier, la lutte mondiale des classes en direction de la Révolution. Cette politique de capitulation est faussement représentée comme l'habileté manœuvrière du bolchévisme défendant par des moyens diplomatiques le pays où se construit le socialisme. Cette politique de capitulation, qui transformant les syndicats en instruments diplomatiques affaiblit l'U.R.S.S., est *faussement* représentée comme la lutte pour l'Unité syndicale.

V. — LA POLITIQUE COMMUNISTE DANS LE MOUVEMENT SYNDICAL MONDIAL

Le groupe Staline fausse la politique syndicale du communisme

Utiliser les syndicats comme instruments diplomatiques, en y faisant une politique s'écartant du communisme et opposant *faussement* les intérêts de l'U.R.S.S. à ceux du prolétariat international, c'est se condamner à faire une politique syndicale fausse, incompréhensible pour les ouvriers, impossible à expliquer devant eux.

De là, découle toute la série de résolutions tenues secrètes sur la politique syndicale internationale.

Il était impossible de s'expliquer l'entrée systématique des Fédérations syndicales russes dans les Fédérations internationales correspondantes d'Amsterdam, entrée aboutissant à dissoudre la C.G.T. russe dans Amsterdam et à la dissocier de l'I.S.R. Il était impossible de faire comprendre comment la C.G.T. russe entrée morceau par morceau et *sans condition* dans Amsterdam, il serait possible à la C.G.T.U. de ne pas entrer *sans condition* dans la C.G.T.

Quand cette politique d'entrée des syndicats russes dans Amsterdam fut abandonnée, parce que dans le jeu diplomatique on misait sur le Comité anglo-russe et sur les tendances de « gauche » du Conseil Général, futur traître à la grève générale anglaise, on ne pouvait pas davantage expliquer à la masse ouvrière ce changement de politique syndicale.

Le Comité anglo-russe a été présenté, non comme un *bloc politique* servant de point d'appui temporaire dans la lutte pour l'unité syndicale, mais comme *une organisation syndicale* qu'il fallait maintenir à tout pris et autour de laquelle se ferait l'unité syndicale. Dans ces conditions, impossible évidemment d'expliquer comment la renonciation à critiquer les chefs réformistes au sein de cette prétendue *organisation syndicale* peut ne pas entraîner la renonciation à la critique des chefs réformistes dans *toutes* les organisations syndicales. D'ailleurs, après *sa trahison* Purcell venant prendre la parole à Paris, a été présenté par *l'Humanité* du 26 juin 1927 comme un ami de la Russie soviétique, et le 4 août 1927, Monmousseau a écrit sur Purcell un article leader élogieux ne contenant aucune critique.

L'unité syndicale internationale et la politique du groupe Staline

Quand Boukharine, opposant *faussement* les intérêts de l'U.R.S.S. à ceux du prolétariat international, déclare qu'il y a des circonstances exceptionnelles où, en s'écartant de la lutte des classes, on peut se servir des syndicats comme d'instrument diplomatique, il fournit des armes aux adversaires anarchistes et réformistes de l'unité syndicale.

Pour empêcher la critique de l'opportunisme staliniste par l'opposition léniniste, le groupe Staline mécanise à outrance le parti russe et l'Internationale. Ces méthodes bureaucratiques de mécanisation se transposent fatalement dans les syndicats gagnés à l'influence des communistes. Elles fournissent ainsi des armes aux adversaires de l'unité syndicale et repoussent vers le néo-anarcho-syndicalisme de Monatte de bons ouvriers sincèrement révolutionnaires, mais ne comprenant pas qu'il faut redresser le parti, et non atténuer son rôle ou nier sa nécessité.

Ce qui nuit à l'unité syndicale, ce n'est pas l'affichage de l'influence communiste dans les syndicats, c'est le mauvais usage de cette influence, conséquence d'une politique fausse. Quand le parti et l'Internationale auront dans les syndicats une politique juste, servie par méthodes justes, inspirant une croissante confiance aux ouvriers et aux syndiqués, alors on n'aura pas en général besoin de se cacher d'être communiste dans les syndicats. L'action clandestine des communistes dans les syndicats réactionnaires, ne sera, comme Lénine l'a indiqué, que la réplique nécessaire à la répression ordonnée par les chefs réformistes, et cette action clandestine sera comprise de tout ouvrier conscient et honnête.

Au Plénum d'avril 1927 du C. C. russe, les chefs syndicaux stalinistes ont tenté d'expliquer la capitulation de Berlin, en disant qu'il est possible d'influer sur la masse des syndicats réformistes *seulement* par l'appareil syndical, que pour travailler avec cet appareil, il faut absolument *ne pas rompre avec les dirigeants*. Ainsi en vertu de cette théorie, pour influer sur les masses syndicales anglaises, il ne faudrait jamais rompre avec Purcell, et pour influer sur les masses syndicales françaises, il faudrait refaire la paix avec Jouhaux. Mais Purcell et Jouhaux exigent, pour ne pas rompre ou pour faire la paix, la renonciation à la critique communiste.

Ainsi la politique du groupe Staline, ou bien donne des armes aux adversaires de l'unité syndicale, ou bien ne conçoit l'unité syndicale que sur le plan réformiste, par la liquidation idéologique du communisme et de l'esprit syndicaliste vraiment révolutionnaire.

La lutte bolchévique pour l'unité syndicale

Dans les syndicats comme ailleurs, les lignes essentielles de la politique bolchéviste n'ont rien de secret, car le bolchévisme ne peut faire qu'une politique mettant les masses en mouvement et par suite pleinement compréhensible, au moins pour leurs meilleurs éléments.

De 1917 à 1920, quand montait dans le monde entier la vague révolutionnaire, quand nous étions en train de gagner la majorité dans les syndicats d'Amsterdam, les chefs réformistes ont exclu les organisations gagnées à l'influence révolutionnaire, organisé la scission pour se sauver, eux et la bourgeoisie, du péril de Révolution. Nous avons riposté en fondant l'I.S.R., et nous vons essayé d'emporter de front, sur une base immédiatement révolutionnaire, les positions réformistes.

Dans la période de dépression du mouvement ouvrier international, qui a suivi la défaite d'octobre 1923, en Allemagne, nous avons, *conformément à l'intérêt du prolétariat,* changé notre tactique. L'unité syndicale se réalisant à un niveau immédiatement révolutionnaire, n'était pas immédiatement possible. Mais il y avait des luttes partielles à mener pour résister à l'offensive capitaliste. Alors, nous avons lutté pour l'unité syndicale sur la base de la lutte quotidienne et partielle, sous réserve de la reconnaissance du droit, pour nous comme pour les autres, de défendre notre opinion et d'évoquer nos perspectives par delà les luttes partielles, sous réserve aussi de pouvoir nous organiser en tendance pour faire triompher notre point de vue, tout en respectant la discipline syndicale dans la lutte effective contre l'ennemi de classe.

La lutte pour le maintien de l'unité ou pour le retour à l'unité syndicale est une lutte longue et difficile, une lutte que les syndiqués des organisations réformistes, au fur et à mesure qu'ils s'éveillent à la conscience unitaire de classe, doivent mener sous la menace constante des exclusions et de nouvelles scissions de la part des chefs réformistes d'Amsterdam.

Là où s'est faite la scission (France, Tchécoslovaquie, etc., des groupes de gauche unitaires se forment, exprimant la nécessité de plus en plus impérieuse pour les ouvriers de lutter contre l'offensive capitaliste croissante. Publiquement, nous devons, par notre critique, ferme et amicale vis-à-vis des ouvriers qui s'éveillent ou se réveillent à la conscience de classe, favoriser le développement et la consolidation de la gauche unitaire, qui doit devenir le centre de ralliement des forces révolutionnaires *à l'intérieur de l'organisation réformiste.*

Le mouvement syndical est si complexe qu'il peut se présenter des cas *d'exception.* Par exemple, des syndicats élémentairement révoltés contre la trahison des chefs réformistes, peuvent courir à l'autonomie ou à la scission si les syndicats rouges les repoussent, mais ces exceptions doivent être décidées dans nos rangs, par des dirigeants qui ne soient pas des adversaires masqués de l'unité syndicale, cachant par des phrases sur l'unité syndicale leur étroit esprit de conservatisme d'organisation.

Notre ligne, c'est la résistance à l'approfondissement de la scission syndicale, qui sépare les ouvriers réformistes de l'influence des ouvriers révolutionnaires. Notre ligne, c'est la lutte pour l'unité syndicale facilitant le développement de la lutte de classes. D'ailleurs plus s'organisera *à l'intérieur des organisations réformistes* une gauche solide unitaire, plus cette gauche deviendra *un centre de ralliement révolutionnaire*, et moins il y aura d'exception à faire.

Et quand montera de nouveau la vague rouge, les centres de ralliement révolutionnaire à l'intérieur de l'organisation réformiste entraîneront irrésistiblement vers l'unité syndicale l'immense majorité des ouvriers décidés à la lutte, laissant de côté les chefs traîtres, la partie fidèle de l'appareil et une petite minorité d'ouvriers inconscients.

Pour nous, communistes, l'unité syndicale n'est pas un but en soi, mais un moyen de lutte de classe et de révolution. Lénine nous a appris qu'on ne fait pas la révolution sans avoir gagné la majorité de la classe ouvrière sur les points décisifs, ce qui comporte que nous gagnions la majorité des ouvriers syndiqués : voilà pourquoi nous sommes contre les scissionnistes et pourquoi nous luttons à fond pour l'unité syndicale par toute voie non liquidatrice du communisme.

Il n'y a là rien que nous ne puissions proclamer devant la classe ouvrière. Et plus la répression exercée par les chefs réformistes oblige les communistes, pris individuellement ou par petits groupes, à se livrer au travail révolutionnaire clandestin dans les syndicats réactionnaires, plus notre parti comme tel et notre Internationale comme telle, doivent proclamer devant le prolétariat leur politique syndicale redevenue juste, claire et compréhensible.

VI. — LA SITUATION EN U.R.S.S. — LES ORIGINES SOCIALES DE LA POLITIQUE INTERIEURE DU GROUPE STALINE

La résistance de plus en plus insuffifisafinte opposée à la croissance des éléments thermidoriens par le groupe Staline, explique, non seulement les déviations politiques de ce groupe, dans le domaine de la politique extérieure, mais aussi dans le domaine de la politique intérieure.

Mais, si les origines sociales de la déviation staliniste sont les mêmes à l'intérieur qu'à l'extérieur, les résultats de la politique de Staline se manifestent dans le domaine de la politique intérieure d'une manière moins apparente, quoique *tout aussi profonde*, que dans le domaine de la politique extérieure. Il est plus facile de cacher les faits relatifs aux profonds changements sociaux qui s'accomplissent progressivement en U.R.S.S., que de cacher la défaite de la Révolution chinoise ou la capitulation devant le Conseil général traître.

On ne peut examiner les statistiques officielles qu'avec un esprit critique très averti et très pénétrant. D'abord parce que ces statistiques sont souvent élaborées à la base et dans l'appareil des institutions soviétiques par des bureaucrates qui, sous l'influence des éléments sociaux thermidoriens, ont intérêt à maquiller la vérité par les chiffres. De plus, les statistiques générales sont parfois « remaniées » en vue de justifier la fausse politique du groupe Staline et d'en masquer le caractère profondément opportuniste.

Mais, les statistiques ne sont pas les seuls moyens d'investigation dont nous disposions. Il vient un moment où la vérité ne peut plus se dissimuler sous les chiffres et où elle se fait jour dans la législation, dans les phénomènes industriels, économiques, syndicaux, sociaux et politiques, revêtant un caractère de plus en plus habituel et typique.

Les tendances des diverses classes en politique intérieure

La lutte se poursuit entre deux tendances extrêmes : d'une part, la tendance thermidorienne qui cherche à entraîner l'économie de l'Union *dans la voie du développement capitaliste,* et d'autre part, la tendance véritablement bolchéviste qui travaille *à la construction du socialisme.*

La première tendance est celle des koulaks, des nepmans, de la bourgeoisie ancienne et nouvelle. Aidée par les bureaucrates, elle trouve un point d'appui solide dans l'impérialisme, qui cherche à multiplier les liens avec elle et guette le moment d'accourir les armes à la main. Tant que n'apparaissent pas de possibilités immédiates d'en finir immédiatement avec le bolchévisme, la tendance thermidorienne se fixe des objectifs partiels et préparatoires : pénétration des coopératives, des soviets et extension en sa faveur des droits politiques réservés jusqu'alors aux travailleurs.

Oustrialov, est à l'étranger le théoricien et le tacticien le plus averti de la tendance thermidorienne. Il préconise la lutte degré par degré pour *le capitalisme à échéances.*

A l'autre pôle se trouvent les ouvriers les plus conscients qui en dépit des difficultés, se rangent toujours plus nombreux dans les rangs de l'opposition bolchévique dirigée par Zinoviev, Trotsky et Vouïovitch.

Entre ces deux pôles extrêmes, la masse mouvante de la petite bourgeoisie et de la paysannerie moyenne hésite, tourne les yeux vers le koulak à l'intérieur, vers les chefs réformistes à l'extérieur, craint la menace d'agression impérialiste, doute de l'efficacité des méthodes vraiment bolchéviques pour y faire face, s'intéresse au développement économique du pays « en général », sans lui donner ouvertement un contenu de classe précis. Toute cette masse trouve dans la théorie staliniste du « Socialisme dans un seul pays » un refuge commode pour ses hésitations et son esprit d'étroitesse nationale.

La politique du groupe Staline

Le groupe Staline oppose une résistance de plus en plus faible à la croissance des éléments thermidoriens. Dans ses résultats, cette politique cède du terrain à ces éléments, et au lieu de lutter contre le véritable danger, elle frappe *l'opposition bolchévique* qui dénonça le péril.

Influencé par la pénétration dans les institutions soviétiques et dans les rangs du parti, des états d'esprit de la paysannerie moyenne et de la petite bourgeoisie, le groupe Staline, *faute d'une ferme politique de classe animant la pratique de la Nep,* trouble les ouvriers, ne peut résoudre les hésitations de la paysannerie moyenne dans le sens prolétarien, et, affaiblissant ainsi l'alliance avec la masse essentielle de la paysannerie, ébranle les bases mêmes de la dictature du prolétariat, en face des périls de l'intérieur et de l'extérieur.

Il faut insister sur les fautes suivantes :

1. — Le prolétariat et le socialisme.

Le groupe Staline méconnaît la liaison nécessaire entre l'amélioration du sort de la classe ouvrière et la construction du socialisme.

La politique d'augmentation des salaires en raison de *la croissance de la production* a été remplacée par la politique d'augmentation des salaires en raison *du rendement individuel de l'ouvrier,* dont les normes de travail ont été augmentées. De la sorte, l'ouvrier ne bénéficie pas de l'augmentation de production résultant du perfectionnement de l'outillage et de la technique, et la *rationalisation* aboutit à une pression exagérée sur le cerveau et les muscles du prolétariat. C'est de ce point de vue qu'il faut examiner la question de la journée de 7 heures, au lieu de se livrer à ce sujet à la démagogie la plus vulgaire, sans expliquer comment se pose le problème dans la réalité de l'usine soviétique.

Les syndicats de plus en plus bureaucratisés ne jouent pas le rôle qu'ils devraient jouer.

Il est impossible de travailler sérieusement à construire le socialisme, sans intéresser la classe ouvrière qui le construit à l'œuvre entreprise.

2. — Répartition du revenu national.

Le groupe Staline ne manœuvre pas dans le sens désirable les leviers de commande de la répartition du revenu national : impôts, salaires, prix et crédits.

Impôts. — En l'espace d'un an, les impôts frappant les ouvriers ont doublé, les impôts sur le reste de la population des villes ont diminué de 6 %. Les impôts indirects croissent dans le budget, frappant lourdement les travailleurs. L'impôt agricole, insuffisamment progressif réduit le paysan pauvre à la stagnation et n'atteint que faiblement le superflu du koulak, favorisant la différenciation des classes à la campagne. La suppression de l'impôt sur les petites entreprises paysannes a été repoussée, bien que cet impôt rapporte seulement quelques dizaines de millions de roubles sur un budget de 5 milliards.

Salaires. — De fin 1925 à 1927, les salaires ouvriers n'ont pas augmenté. Ils ont pour certaines couches ouvrières tendance à baisser. Dans l'enrichissement national, la part de la classe ouvrière a baissé.

Prix. — La baisse des prix, en général, a été très faible. L'écart entre les prix industriels et les prix agricoles a augmenté : les *ciseaux* se sont ouverts. A vendre bon marché et à acheter cher le paysan pauvre végète ou se ruine, tandis que le paysan économiquement fort s'enrichit quand même. Ainsi s'accentue la différenciation des classes à la campagne. L'écart entre les prix de gros et les prix de détail : *la rupture des prix,* continue à laisser de larges profits aux intermédiaires du commerce privé.

Crédits. — Les coopératives de crédit agricole, conformément aux directives du Commissariat de l'Agriculture, s'orientent sur « le paysan économiquement fort » et en pratique plus largement encore sur le koulak. La loi permet de vendre sans délai les biens du paysan pauvre insolvable, acquis grâce aux crédits consentis, même s'il s'agit d'instruments de travail « indispensables ».

3. — Industrialisation, chomage et prix.

La politique d'industrialisation du groupe Staline *rationalise* la production sans prévoir parallèlement la création des *nouvelles usines* qui pourraient absorber la main-d'œuvre devenue disponible par suite de la productivité accrue du travail. Cette absence de plan cohérent dans le développement de l'économie nationale, a considérablement aggravé le chômage, qui va vers le chiffre de 3 millions et frappe non seulement le paysan venant à la ville, mais aussi les cadres du prolétariat industriel.

Le retard dans le développement industriel empêche la fabrication en grande série et à bon marché, contribuant ainsi à ouvrir les *ciseaux*. En frappant d'impôts plus lourds le koulak, il serait possible *d'accélérer l'industrialisation*. Même le paysan moyen, grevé de plus lourds impôts en faveur de l'industrialisation, trouverait son avantage à la baisse des prix qui en résulterait et qui compenserait largement l'élévation de l'impôt. L'alliance du prolétariat avec la paysannerie moyenne n'en serait nullement compromise, bien au contraire.

4. — « Nids a koulaks » et socialisme.

Le groupe Staline tend à substituer à la lutte contre le koulak, la théorie de la possibilité de greffer les koulaks et leurs « nids coopératifs » sur le système soviétique, à nier le caractère **petit-bourgeois de la** propriété paysanne, et à affirmer la possibilité d'intégrer le koulak dans le développement socialiste.

5. — Plan coopératif et plan d'industrialisation.

La politique du groupe Staline tend à opposer *faussement* le développement du plan coopératif de Lénine à l'accélération de l'industrialisation et de l'électrification. Lénine, loin de les opposer l'un à l'autre, les considérait comme deux éléments de la construction du socialisme, étroitement liés l'un à l'autre.

La croissance des éléments thermidoriens

Ce qui est en question, ce n'est pas la Nep, mais la manière fausse dont Staline l'applique.

La Nep, c'est à l'intérieur de l'Union soviétique la concurrence, sous le régime de la dictature prolétarienne, entre le capitalisme privé et l'industrie nationalisée.

Selon que l'un ou l'autre l'emporte, l'Union soviétique retourne au capitalisme ou va vers le socialisme.

C'est pourquoi la croissance des éléments thermidoriens doit être fermement combattue.

Or, actuellement, le capitalisme privé croît *en valeur* absolue à la ville, et il croît à la campagne *en valeur absolue et en valeur relative.*

Le capital circulant de l' « industrie privée représente un cinquième du roulement total, s'élevant pour toute l'Union à 5 milliards de roubles.

Les consommateurs reçoivent plus de 50 % des marchandises par les entreprises privées, ce qui constitue une source énorme de profits et d'accumulations capitalistes.

L'industrie privée soumise au contrôle produit annuellement pour 400 millions de roubles et l'artisanat pour 1.800 millions, soit plus d'un cinquième de la production industrielle marchande.

Le capital privé s'enrichit aussi par les intérêts usuraires sur les hypothèques et par l'intérêt à taux élevé des emprunts d'Etat.

L'augmentation par rapport à 1924-25 du revenu par tête d'habitant a été pour les ouvriers de 20 %, pour les commerçants et les industriels de 46 % et pour les paysans pris en bloc de 19 % ; il est évident que le koulak a augmenté son revenu de beaucoup plus que 19 % et le paysan pauvre de beaucoup moins, quand toutefois son revenu n'a pas diminué.

La différenciation des classes s'accroît à grande allure à la campagne.

Le paysan pauvre se ruine et son misérable bien est absorbé par le koulak. Dans le Caucase du Nord, 14 % de paysans pauvres n'ensemençant pas, et 4 % de paysans ensemençant moins de deux déciatines (1 déciatine représente environ 1 hectare) ont été ainsi absorbés. En Sibérie, pour les mêmes catégories, les proportions sont de 15 % et 3 %.

Au 1er avril 1927, les plus gros koulaks représentant 6 % de la paysannerie possédaient 50 % des réserves de blé. Ainsi, les koulaks deviennent de véritables accapareurs.

Sur l'ensemble de la paysannerie,

15 % de paysans riches possèdent 50 % de l'outillage agricole.

35 % de paysans moyens en possèdent 35 %.

50 % de paysans pauvres en possèdent 15 %.

La grande majorité des tracteurs est aux mains des koulaks.

Les koulaks et leurs familles pénètrent les institutions économiques soviétiques. A la campagne, les coopératives sont souvent devenues des « nids à koulaks ».

A la ville, les éléments bourgeois pénètrent aussi les institutions soviétiques.

Aux dernières élections aux soviets, la proportion de la petite-bourgeoisie a augmenté parmi les élus. Il y a même eu des cas assez nombreux de violation de la constitution en faveur des éléments de la petite bourgeoisie admis au droit de vote, bien qu'exploitant le travail d'autrui.

Les ouvriers et la population pauvre

La situation de la masse pauvre empire dans bien des cas.

Le salaire n'a pas augmenté depuis près de deux ans et présente parfois une tendance à la baisse. Le chômage s'accroît. Les prix n'ont que faiblement baissé. Le fameux régime des économies qui devait rapporter 400 millions de roubles, n'a rien rapporté de palpable, parce qu'appliqué bureaucratiquement.

La désaffection et l'hostilité des ouvriers envers les Conférences de production s'accroissent. Souvent il n'est pas tenu compte de leurs suggestions, ou bien l'application de celles qui visent à augmenter la productivité du travail aboutit à des licenciements.

Dans les conflits du travail, l'arbitrage revêt le plus souvent, non un caractère de conciliation, mais un caractère de contrainte. Lénine avait toujours reconnu le droit de grève, même aux ouvriers de l'industrie nationalisée, ce droit découlant du fait que l'Etat et l'usine nationalisée souffrent d'altérations bureaucratiques. Rompant avec la tradition de Lénine, le groupe Staline a institué l'arbitrage obligatoire.

Les questions intéressant le plus directement les ouvriers comme par exemple le contrat collectif, sont pratiquement résolues en dehors du syndicat et du Comité d'usine dont les réunions sont de moins en moins fréquentées par les ouvriers.

A l'activité de la classe ouvrière dans les syndicats et le Comité d'usine, se substitue dans l'usine le système du *Triangle*, résolvant la plupart du temps les questions par l'accord mécaniquement et bureaucratiquement réalisé entre le directeur de l'usine, le secrétaire de la cellule et le secrétaire du Comité d'usine.

Le salaire des jeunes ouvriers et le salaire des femmes a diminué par rapport au salaire de l'ouvrier.

A la campagne, le salaire de l'ouvrier agricole est en fait inférieur au minimum légal, la durée de la journée de travail est souvent de dix heures, et la coopération, en particulier la coopération de crédit ne fonctionne pas en faveur du salarié agricole. Dans ces conditions, la passivité de l'ouvrier agricole, loin d'être la cause de l'orientation staliniste sur « le paysan moyen économiquement fort » et sur le koulak, en est au contraire la conséquence.

La surface d'habitation dont dispose l'ouvrier diminue dans l'ensemble au bénéfice des fonctionnaires, du commerçant privé et de la population non travailleuse.

Les écoles et les jardins d'enfants ne s'accroissent pas suffisamment.

Les avantages inscrits au *Code du Travail,* diminuent sans cesse par suite d'une législation de plus en plus restrictive.

Le bilan de la politique antiléniniste du groupe Staline

La politique intérieure du groupe Staline se présente avec un bilan nettement passif. Elle affaiblit les forces révolutionnaires et en premier lieu celles de l'Etat prolétarien en face de l'ennemi intérieur et extérieur.

Elle compromet la dictature du prolétariat en violant l'enseignement de Lénine selon lequel il faut « savoir se mettre d'accord avec les paysans moyens, sans renoncer un seul instant à la lutte contre les koulaks ».

Les difficultés objectives et la politique du groupe Staline

Certes, il y a dans la politique intérieure de l'U.R.S.S. de grandes difficultés objectives. La Russie est sortie appauvrie de la guerre impérialiste, de la guerre civile, du blocus, de l'intervention étrangère et du sabotage des administrateurs et des techniciens dévoués à la bourgeoisie. L'accumulation socialiste, encore à son début, se fait lentement, ne fournissant que des capitaux insuffisants pour une industrialisation rapide alors que se pose la tâche de dépasser le niveau d'avant-guerre en ralentissant le moins possible l'allure du développement économique.

Mais, la solution des difficultés *dans la voie socialiste* se trouve, non dans l'opportunisme staliniste, mais dans la politique tracée par Lénine.

Plus la situation est difficile, plus il faut dénoncer la politique du groupe Staline qui l'aggrave.

Idéologie fausse du groupe Staline

La fausse politique du groupe Staline se couronne idéologiquement de théories absolument étrangères au marxisme et au léninisme.

Oui, l'industrie nationalisée sous le régime de la dictature du prolétariat est de type dynamiquement socialiste, parce que les bénéfices réalisés par elle, étant le bien commun de la classe ouvrière, ne constituent pas de la plus-value. Mais le caractère dynamiquement socialiste de l'industrie nationalisée ne peut servir de légitimation aux abus qui se commettent en faveur des spécialistes et au détriment des ouvriers.

Oui, l'Union soviétique, est un Etat prolétarien, mais soumis à des altérations bureaucratiques, à l'influence de la petite bourgeoisie et à la pression du capital étranger. Le caractère prolétarien de l'Etat soviétique ne peut servir de légitimation à la politique opportuniste du groupe Staline qui tend précisément à altérer de plus en plus le caractère prolétarien de l'Etat.

La théorie staliniste du « socialisme dans un seul pays »

Toutes les fautes opportunistes du groupe Staline trouvent leur synthèse dans la théorie fausse du « Socialisme dans un seul pays ».

Selon cette théorie, l'U.R.S.S. peut achever le socialisme *à l'échelle nationale* sans nouvelles révolutions victorieuses dans les autres pays, *à condition de ne pas être attaquée militairement par l'impérialisme.*

Alors en 10 ans, l'U.R.S.S. organisera la nouvelle société socialiste, qui, coexistant avec le système capitaliste, finira par le vaincre au terme *d'une rivalité pacifiste avec lui.*

(Voir discours de Staline à la xve Conférence du parti russe et discours de Rykov au C. C. Exécutif des Soviets du 17 octobre 1927).

Pacifisme petit-bourgeois

Ainsi, cette théorie prétend que la guerre entre l'impérialisme et l'Etat prolétarien n'est pas inévitable. La guerre est une possibilité. L'autre possibilité, c'est la marche pacifique au socialisme, à l'échelle nationale d'abord, puis à l'échelle mondiale.

Et Rykov, dans son discours du 17 octobre 1927 adjure de la manière la plus risible les Etats impérialistes de ne pas recourir à la guerre contre l'Union soviétique et de se laisser vaincre par le socialisme selon des méthodes de rivalité pacifiste.

De telles adjurations, de tels raisonnements, de telles théories sont la négation même du marxisme et constituent un retour aux théories périmées du socialisme utopique petit-bourgeois.

Dans la lutte de classe entre la bourgeoisie qui veut maintenir le capitalisme, et le prolétariat qui veut créer le socialisme, seule la violence peut décider. C'est là une loi élémentaire proclamée par le marxisme et que jusqu'ici, personne n'avait encore osé mettre en doute dans nos rangs.

Comment la victoire révolutionnaire en Russie pourrait-elle avoir aboli cette loi ? L'impérialisme, loin de s'apaiser, redouble de violence pour anéantir l'Etat prolétarien, arme formidable aux mains de la classe ouvrière internationale.

Dans la lutte mondiale, toujours plus acharnée, tendent de plus en plus à s'affronter violemment et sans merci, d'une part la coalition des grands Etats impérialistes entraînant l'ensemble des forces capitalistes internationales, et d'autre part, l'Etat prolétarien entraînant l'ensemble des forces ouvrières et les opprimés du monde entier.

Ainsi, dans la lutte des classes, la violence inéluctable, après avoir tout d'abord décidé seulement du sort des luttes quotidiennes, après s'être ensuite élevée parfois jusqu'à la guerre civile, monte aujourd'hui irrésistiblement à un niveau supérieur, et, se développant sur le plan étatique, *mène inévitablement* à la guerre entre l'impérialisme et l'Etat prolétarien.

Lorsque, conformément à l'enseignement de Marx et de Lénine, l'opposition constate que la guerre entre l'impérialisme et l'Etat prolétarien est inévitable, le groupe Staline accuse l'opposition « de vouloir la guerre » et de nuire à l'efficacité des bons conseils pacifistes adressés par lui aux dirigeants des pays capitalistes.

De même, lorsque les communistes, fidèles à l'enseignement de Marx et de Lénine, constatent que la guerre civile est inévitable et qu'il faut s'y préparer, les réformistes du monde entier s'écrient : ce sont les communistes qui nous empêchent de gagner à la paix sociale ces bons capitalistes qui deviennent de plus en plus raisonnables !

Réformisme petit-bourgeois

Au nom de la théorie du « Socialisme dans un seul pays » le groupe Staline se borne à demander au prolétariat international d'empêcher l'intervention armée de l'impérialisme contre l'U.R.S.S. qui construit le socialisme.

Mais comment le prolétariat international va-t-il tenter d'empêcher cette intervention armée ? Est-ce selon la seule méthode effficace, celle de Lénine, qui consiste à intensififier la lutte des classes internationale et à affaiblir ainsi la bourgeoisie mondiale ?

Nullement : le groupe Staline perdant conflance dans l'efficacité del a lutte ouvrière mondiale, se laisse gagner par la crainte petite-bourgeoise des représailles impérialistes, sans voir que plus il renonce à appeler le prolétariat mondial à la lutte, et plus l'audace des impérialistes s'accroît.

Ainsi, la politique de Staline consiste de plus en plus à troquer la lutte de classe mondiale et la propagande de l'Internationale contre de vagues promesses de crédits et de vagues espérances de paix.

Il est insensé de croire qu'un véritable Etat prolétarien puisse obtenir quelque chose de la générosité de l'impérialisme, en se dépouillant soi-même de sa force internationale.

Mais le groupe Staline est pris par la logique de ses fautes.

On ne peut nier le rôle inéluctable de la violence entre Etats représentant des classes ennemies, sans en venir à, nier purement et simplement la lutte des classes elle-même.

Dès qu'on prétend prêcher la paix au fauve impérialiste, au lieu de chercher à l'abattre, on s'interdit par là même de dresser contre lui tous ceux qu'il opprime et qu'il menace.

C'est ainsi qu'on renonce à appeler au secours les ouvriers anglais, c'est ainsi qu'on renonce à créer des soviets en Chine, c'est ainsi qu'on capitule devant l'impérialisme.

Boukharine explique cela par la théorie *des circonstances exceptionnelles.*

Le recours à la théorie *des circonstances exceptionnelles* deviendra de plus en plus *la politique habituelle* du groupe Staline s'inspirant toujour davantage du réformisme petit-bourgeois.

Nationalisme petit-bourgeois

La théorie staliniste du « Socialisme dans un seul pays » relègue dans l'ombre l'interdépendance croissante des phénomènes intérieurs et extérieurs à l'U.R.S.S., ainsi que leurs réactions réciproques les uns sur les autres.

Dans la théorie de Staline, le *seul* lien qui apparaisse encore en pleine clarté entre l'Etat prolétarien et le prolétariat international, c'est la tâche pour ce dernier de s'opposer à l'intervention impérialiste armée.

L'influence des succès ou des revers du prolétariat international sur les concessions que l'Etat prolétarien peut arracher ou doit consentir aux impérialistes, l'influence de ces succès ou revers sur la progression plus ou moins rapide vers le socialisme, l'influence des succès ou des revers de l'Etat prolétarien sur le mouvement ouvrier mondial et sur le développement des rivalités impérialistes, le besoin grandissant du capitalisme de trouver des débouchés sur le marché russe, l'utilité grandissante pour l'Etat prolétarien d'obtenir des crédits, la croissance et l'enchevêtrement des échanges de marchandises entre l'U.R.S.S. et le monde capitaliste, la Russie soviétique devenant de plus en plus tributaire du grand capitalisme pour l'importation de l'outillage moderne pendant toute la période d'industrialisation tous ces rapports étroits, toutes ces réactions mutuelles de l'intérieur sur l'extérieur et réciproquement, tout cela s'estompe et disparaît dans la théorie staliniste.

Ainsi, le groupe Staline crée une idéologie séparant de plus en plus et toujours *faussement,* les intérêts du prolétariat de l'Union et les intérêts du prolétariat mondial. Plus le groupe Staline s'éloigne de la politique vraiment prolétarienne, plus il renonce par là même aux larges horizons internationaux de Lénine, et plus il tend à s'adapter à l'esprit d'étroitesse nationale des classes et des couches sociales à la pression desquelles il cède.

La théorie staliniste du « Socialisme dans un seul pays » mène au nationalisme petit bourgeois le plus borné.

La théorie du « Socialisme dans un seul pays » tourne le dos au Socialisme en U.R.S.S. et à la Révolution dans le monde entier

Staline affirme la possibilité d'achever la construction du Socialisme en Russie, *sous la seule condition* d'empêcher l'intervention militaire.

Sous cette affifirmation staliniste, se dissimule le danger réel. Le renforcement du capitalisme étranger après la défaite chinoise produit ses conséquences politiques en Russie soviétique. L'audace du koulak, du nepman et du bureaucrate augmente, et aussi la puissance d'attraction du koulak sur le paysan moyen et du nepman sur la petite bourgeoisie des villes.

La réaction thermidorienne à l'intérieur et l'impérialisme à l'extérieur conjuguent de plus en plus leurs efforts contre l'Etat prolétarien menacé d'être anéanti par la force, s'il persiste à garder son caractère prolétarien.

Violation de la Constitution soviétique pendant les élections, hier, reconnaissance des dettes tsaristes envers la France et les Etats-Unis, demain, brèches dans le monopole du commerce extérieur, voilà les dangers, qui, *même en dehors d'une agression armée,* menacent le socialisme.

Plus la politique de Staline s'apprête à tourner le dos au socialisme, et plus elle crie à pleine voix qu'elle marchera jusqu'au bout vers le socialisme.

Et à l'extérieur, que peut bien se dire tout ouvrier accordant créance à la théorie du groupe Staline ?

Il se dira certainement : Puisque Boukharine affirme qu'en faisant le bloc à tout prix avec Purcell, on peut empêcher la guerre, puisque Staline affirme que si on empêche la guerre, on peut réaliser le socialisme en Russie, puisque Rykov affifirme que le socialisme réalisé en Russie vaincra le capitalisme par des méthodes de rivalité pacifique, alors il faut non pas lutter contre les chefs réformistes, mais adopter leurs méthodes pacifistes et aller à la S.D.N. Puisque, *sans de nouvelles révolutions,* on peut aller au socialisme russe, puis mondial, pacifiquement, par des chemins fleuris, pourquoi l'âpre lutte de classe, pourquoi la grève, pourquoi la guerre civile, pourquoi des violences et du sang ?

Voilà quels seront les fruits empoisonnée de la théorie staliniste.

Non seulement la théorie staliniste du « Socialisme dans un seul pays » tourne le dos au socialisme en Russie, mais elle tourne aussi le dos à la révolution dans le monde entier.

Il faut anéantir cette théorie

Une théorie aussi funeste doit être impitoyablement anéantie.

Oui, *avec une politique juste,* on peut progresser en Russie vers le socialisme. Avec les seules forces du pays, techniquement arriéré, et la lenteur de l'accumulation socialiste à son début, cette progression vers le socialisme serait extrêmement lente. Cette progression peut être accélérée avec l'aide des crédits et de l'industrie capitaliste.

Cette aide, l'Etat prolétarien ne peut pas l'arracher en capitulant mais en développant ses forces intérieures et extérieures.

Et cette aide capitaliste ne saurait être indéfinie.

Elle cesserait forcément dès que grâce à elle, la marche au socialisme en Russie prendrait une allure rapide et menaçante pour le capitalisme.

Aussi promettre d'organiser en 10 ans la société socialiste en U.R.S.S, c'est pure et vulgaire démagogie.

Il faudrait, dans le meilleur des cas, des dizaines d'années pour construire le socialisme en Russie. Et, à l'époque impérialiste, des dizaines d'années ne peuvent s'écouler sans guerres et sans nouvelles luttes révolutionnaires décisives.

Le sort du socialisme en Russie, comme dans le monde entier, est lié à l'issue de ces grands événements internationaux.

C'est pourquoi le socialisme, commencé en Russie, ne peut s'achever et triompher qu'à l'échelle mondiale.

La réfutation de Staline amène finalement tout communiste à retrouver sur cette question les conclusions mêmes de Marx et de Lénine.

VII. — LA SITUATION DANS LE PARTI RUSSE ET DANS L'INTERNATIONALE. — COMMENT LE GROUPE STALINE A FRAYE LE CHEMIN POUR SA POLITIQUE OPPORTUNISTE.

Dès 1923, en face des obscurités et des difficultés de la situation objective, les deux groupes aujourd'hui unifiés et représentés alors par Zinoviev et par Trotsky, recherchèrent, en commettant des erreurs et en se combattant, c'est vrai, la voie bolchévique pour continuer l'œuvre révolutionnaire gigantesque commencée sous la direction de Lénine.

Ces deux groupes, en cherchant le chemin, exagérèrent la critique mutuelle, mais du moins ces exagérations étaient une conséquence de la passion révolutionnaire qui les animait.

Trotsky a reconnu les erreurs qu'il a réellement commises dans un document que le groupe Staline n'a jamais publié.

Il s'agit de la déclaration du 15 décembre 1926 devant le VIIe Exécutif élargi. Cette déclaration signée par Zinoviev, Kamenev et Trotsky dit textuellement :

« Il est faux que nous défendions le trotskysme. Trotsky a déclaré devant toute l'Internationale communiste, que sur toutes les questions de principe, quelles qu'elles fussent, où il a controversé avec Lénine, c'est Lénine qui a eu raison, et en particulier sur la question de la révolution permanente et de la paysannerie. »

Quant à Zinoviev et aux directions de partis qui travaillèrent en accord avec lui, elles eurent tendance, dans leur politique, à tenir parfois insuffisamment compte du rapport des forces de classes, à jeter parfois des mots d'ordre « trop en avant », qui, s'ils réussissaient à entraîner dans la lutte une avant-garde élargie, laissaient en arrière, dans certains cas, le gros des forces prolétariennes.

Naturellement, aux erreurs commises, correspondait dans divers partis un certain malaise, sans que cette situation puisse être en rien comparée au régime intérieur absolument intolérable sous lequel le groupe Staline tente de plus en plus maintenant d'étouffer la masse communiste dans le parti russe et dans l'Internationale.

Dans l'Internationale, sous la direction de Zinoviev, on lutta contre les fautes opportunistes, mais jamais par les procédés de répression qu'emploie aujourd'hui le groupe Staline contre le bolchévisme.

Après la défaite de la Révolution allemande, en octobre 1923, les erreurs opportunistes de Brandler furent redressées à la suite d'un large examen critique dans toute l'Internationale et les mesures d'organisation prises ensuite, dont quelques-unes furent parfois trop rudes, ne faisaient quand même que sanctionner un large débat politique.

Après la défaite de la Révolution chinoise, en 1927, les erreurs opportunistes inspirées par le groupe Staline sont cachées à la masse communiste, la discussion en est interdite, et les mesures d'organisation et les sanctions, loin de conclure un large débat politique contradictoire, accusent la volonté du groupe Staline d'empêcher un tel débat, ce qui est en rupture absolue avec tout l'esprit de Lénine.

Si importantes d'ailleurs qu'aient paru en leur temps les fautes de la direction Zinoviev, c'étaient des fautes inspirées par la passion révolutionnaire. L'avant-garde, au risque de se séparer parfois de la masse, avançait trop vite, *mais avançait quand même vers le but révolutionnaire.*

En tous cas, les fautes passées de la direction Zinoviev dont il faut savoir tirer les leçons, ne sont rien, en comparaison des fautes actuelles du groupe Staline, *qui s'écarte de plus en plus du bolchévisme, qui se détourne toujours davantage des buts révolutionnaires.*

Le groupe Staline, loin de redresser les fautes de Zinoviev et de Trotsky *sur une base léniniste,* et de rassembler les forces du parti russe et de l'I. C. sur cette base, a travaillé à approfondir artificiellement les divergences entre les groupes de gauche et à désorganiser les forces révolutionnaires qui étaient l'âme et l'armature de l'Internationale. Et à la faveur de cette désorganisation des forces communistes, il a réussi, pour un temps, à frayer la route à l'opportunisme.

Mais, en face du danger croissant, danger qui de plus en plus crève les yeux, les forces révolutionnaires se regroupent pour défendre de toute leur énergie, par un effort unanime *le bolchévisme* menacé par le *révisionnisme staliniste,* révisionnisme le plus audacieux qui ait été tenté jusqu'ici dans nos rangs.

Les opportunistes se battent entre eux mais bloquent contre le bolchévisme

Le groupe Staline, pour faire sa politique, est contraint de s'appuyer dans toute l'Internationale sur les éléments les plus opportunistes.

En France, cela est déjà suffisamment visible. L direction Doriot-Semard-Monmousseau a déjà accumulé des fautes qui auraient dû depuis longtemps déterminer l'intervention publique d'une direction internationale vraiment bolchévique.

Les vieux opportunistes dirigent dans toute l'Internationale : Sméral en Tchécoslovaquie et Meyer en Allemagne.

Quand les élèves en opportunisme du groupe Staline, par des fautes trop voyantes, deviennent par trop compromettants, le maître les critique.

C'est un tir à blanc, inoffensif contre l'opportunisme des autres, afin de cacher derrière un rideau de fumée son propre opportunisme.

Il ne faut se laisser tromper, ni par la fumée, ni par le bruit. Quand il s'agit de lutter contre l'opposition bolchévique, les diverses nuances de l'opportunisme savent bloquer et se soumettre à la discipline fractionnelle qui les unit dans la lutte contre le bolchévisme.

Régime intérieur intolérable au service de l'opportunisme staliniste

Le groupe Staline est monté au pouvoir en se présentant comme le défenseur du bolchévisme : il sombre dans l'opportunisme le plus complet.

Le groupe Staline est monté au pouvoir en se présentant comme le champion d'une politique juste, réaliste, basée sur l'estimation exacte du rapport réel entre les forces en présence : il a constamment sous-estimé les forces de lutte de classe et de révolution. Au lieu d'entraîner les masses, il s'est mis à la remorque des événements.

Le groupe Staline est monté au pouvoir en se présentant comme le défenseur de méthodes plus démocratiques et plus souples : il aggrava sans cesse le régime intérieur le plus intolérable qui ait jamais sévi dans nos rangs.

Pour *cacher* les faits et la situation réelle, pour imposer sa politique opportuniste, le groupe Staline prive de toute information sérieuse la masse communiste, use et abuse des sanctions disciplinaires et administratives pour empêcher la discussion et le redressement nécessaire par le moyen des organes réguliers, et enfin substitue la soumission bureaucratique à la véritable discipline communiste.

Quelques faits

Le groupe Staline *caché* les documents de l'opposition, en cite des passages arrachés de leur contexte, et par des commentaires déloyaux impute à ses adversaires des opinions *totalement différentes* de celles qu'ils ont exprimées.

Le groupe Staline cache les documents politiques officiels de caractère non secret, mais susceptibles d'éclairer la masse communiste, comme par exemple la lettre de la délégation russe en Chine du 17 mars 1927, qui constitue un réquisitoire écrasant contre les représentants de l'I. C. en Chine et contre leurs inspirateurs de Moscou.

Le groupe Staline va même jusqu'à *cacher* parfois ses propres discours quand leur publication ferait éclater les fautes commises. Le discours prononcé le 5 avril 1927 par Staline, à l'Académie communiste devant 3.000 militants actifs de Moscou, n'a jamais été publié. Il formulait une appréciation radicalement fausse de la situation en Chine, et dix jours plus tard, le coup d'Etat de Chang-Kaï-Chek lui apportait le démenti brutal et catégorique des faits.

Radek, coupable d'avoir apporté la contradiction à Staline le 5 avril dans une réunion intérieure du parti, fut relevé de son poste de recteur à l'Université Sun-Yat-Sen. Il avait commis le crime de formuler des appréciations exactes confirmées par le développement ultérieur des événements.

Lepse, secrétaire de la Fédération des Métaux, a été relevé sans raison valable de son poste syndical par mesure administrative et sans aucune consultation ou décision de ses mandants. On ne peut davantage mécaniser les rapports entre parti et syndicats.

Smilga, vieux bolchévik, membre oppositionnel du Comité central, a été envoyé pour occuper un poste en Sibérie par mesure administrative.

Au VIIIe Exécutif de mai 1927, Zinoviev s'est vu interdire par la force l'entrée de la salle des séances, alors que le VIIe Exécutif élargi avait en acceptant sa démission de la présidence de l'Internationale, souligné qu'il demeurerait membre de l'Exécutif.

Le VIIIe Exécutif de mai 1927 a été tenu dans la salle exiguë qui sert habituellement aux réunions du Présidium, sous prétexte que dans Moscou, capitale de la Révolution mondiale et de l'Etat prolétarien, il n'y avait pas d'autre salle disponible. En réalité, il s'agissait d'empêcher les camarades russes habituellement invités à nos assises internationales, d'assister aux débats où ils auraient pu être informés de ce qu'on leur cachait. Les documents politiques n'ayant aucun caractère secret ont été remis aux délégués, seulement la veille de l'Exécutif. Puis les séances du Plénum ou des Commissions se sont succédées sans interruption, ce qui n'a permis aux délégués que de lire superficiellement ces documents, quand toutefois ils ont eu le temps de les lire. Il a été interdit aux délégués de prendre copie du sténogramme de leurs propres discours et d'en communiquer le texte à qui que ce soit. Sitôt l'Eécutif terminé, il a fallu remettre les documents immédiatement, sous la menace de ne pas recevoir l'autorisation de partir.

On a voulu interdire aux membres de l'Exécutif de faire des déclarations de vote, et finalement, devant quelques protestations, cette décision n'a été appliquée qu'aux membres de l'opposition.

Pour la première fois dans l'histoire de l'Internationale aucun compte-rendu des débats n'a été publié, ni dans la presse de l'U.R.S.S., ni dans la presse communiste internationale. Seules, les déclaration faites au cours de la discussion ont été publiées mais elles perdent leur véritable signifification lorsqu'elles sont ainsi séparées de la discussion qui les a engendrées.

La direction régulière de l'Internationale n'a pas été tenue au courant de la situation réelle, et notamment dans la question chinoise, a toujours été mise en présence du fait accompli. Les protestations à ce sujet de Murphy et de Treint sont restées absolument sans effet.

Pour terminer cette énumération, il suffit de citer cette simple phrase prononcée au cours d'une discussion par un ouvrier et qu'on peut trouver dans les *Documents du Comité de Moscou :* « Il nous est défendu d'être actifs. Si tu veux manger du pain, parle le moins possible. »

Le groupe staline prépare la scission dans le P. C. R. et dans l'I. C.

Le fractionnisme de majorité au service de l'opportunisme appelle nécessairement le fractionnisme de minorité au service du bolchévisme. Ainsi, le fractionnisme de la majorité staliniste, majorité artificiellement maintenue par des méthodes absolument étrangères à tout esprit léniriste, *prépare et organise la scission du parti russe et de l'Internationale.*

En France, le Bureau Politique, sans fournir aucun document sérieux sur les questions fondamentales faisant l'objet de divergences, a tenté d'exclure Treint du C. C., et le camarade Calzan, après avoir soutenu le point de vue de l'opposition à la conférence nationale de Saint-Denis, a été « démissionné » de la direction des Editions.

En Allemagne, le groupe Urbans, qui compte environ 20.000 partisans à l'intérieur de notre parti frère, a été exclu depuis longtemps déjà. Et ses adhérents qui comptent parmi les meilleurs ouvriers révolutionnaires d'Allemagne se tiennent sur un terrain strictement bolchévique sur toutes les questions de principe faisant actuellement l'objet de divergences.

En Russie, le groupe Staline refuse de publier la plate-forme de l'opposition avant la désignation des délégués pour le Congrès du 15 décembre, sous prétexte qu'il s'agit d'un document anti-bolchévique et anti-parti. Comme si ce n'était pas au parti lui-même de juger ! Et quand l'opposition imprime sa plate-forme sur une modeste Ronéo, avec le concours de vieux bolchéviks de 1902 et de 1905 récemment exclus par mesure d'arbitraire staliniste, le groupe Staline ose parler d'imprimerie illégale, d'intellectuels bourgeois sans parti, le groupe Staline ose monter de toutes pièces un complot, exclure de nouveaux oppositionnels du parti et les jeter en prison.

Le groupe Staline, en excluant Zinoviev, Trotsky, Vouïovitch de l'Exécutif de l'Internationale ou du Comité central russe, en procédant à ces exclusions dans l'étouffement systématique de toute discussion, dévoile sa volonté de scission. *Du temps de Lénine,* on excluait parfois après discussion et toujours le moins possible, en tout cas *jamais avant.*

La bourgeoisie et la social-démocratie du monde entier, attendent cette scission, la guettent, la sollicitent.

Oustrialov, le théoricien du retour au capitalisme, adjure Staline de se séparer de l'opposition.

La social-démocratie allemande de gauche proclame l'unité politique possible avec les stalinistes, à condition qu'ils excluent l'opposition.

Au début d'octobre 1927, au congrès du Labour Party, Brockway a proposé de faire des démarches en vue d'un conférence commune de la IIe et de la IIIe Internationale. C'est la première fois que dans le Labour Party, quelqu'un prend l'initiative d'une proposition de ce genre, mais Cramp s'y est opposé en objectant la présence de Zinoviev dans l'Internationale.

En France, quelques bourgeois et quelques socialistes ignorants, du genre de Délépine ont fini par croire Semard lorsqu'il affirme que l'opposition n'est qu'un ramassis de social-démocrates, et ils ont à cause de cela témoigné de la sympathie à Trotsky. Il est bien évident que la publication des documents de l'opposition ferait cesser immédiatement cette erreur.

Ce qui est certain, c'est que les bourgeois et les réformistes les plus perspicaces, se prononcent en France également pour l'exclusion de l'opposition. Le *Matin* l'a conseillé à Staline, le *Temps* également, tout en faisant chorus avec Staline pour l'accuser de réformisme et d'esprit contre-révolutionnaire. Dans le *Peuple,* Harmel tout en trouvant un peu rudes les procédés de Staline s'empresse d'ajouter : « Ce qui ne veut d'ailleurs pas dire qu'on doive souhaiter la victoire de Zinoviev et de Trotsky ». Le correspondant anglais de *Paris-Midi* écrit qu'avec la victoire de Staline cesserait la politique anti-britannique, c'est-à-dire la lutte contre l'impérialisme anglais et contre l'impérialisme tout court.

En agitant quelques articles *exceptionnels,* des *réformistes* qui, en l'absence d'information sérieuse se trompent en sympathisant avec l'opposition, Semard et la direction staliniste du parti français, cachent le fait *essentiel et habituel* à savoir que la bourgeoisie et la social-démocratie dans le monde entier désirent la scission dans le parti russe et dans l'Internationale, et prennent ouvertement le parti de Staline contre l'opposition.

En Russie, comme dans toute l'Internationale, l'opposition luttera pour *l'unité bolchévique,* qui comporte la réintégration du groupe Urbans, résistera de toutes ses forces à la volonté scissionniste du groupe Staline et défendra de toutes ses forces dans la Troisième Internationale le bolchévisme menacé.

VIII. — LA SITUATION EN FRANCE

Opportunisme, incapacité, « suivisme » de la direction Doriot-Semard-Monmousseau

La direction Doriot-Semard-Monmousseau, qui fait pendant en France au groupe Staline, a commis une série ininterrompue de fautes graves. Pas une situation nouvelle qui ne l'ait prise à l'imprévu ! Pas une lutte ouvrière qui n'ait été mal préparée, mal dirigée, ou freinée par elle ! Jamais à la tête des masses pour les entraîner, toujours à la remorque des événements ! Telles sont les caractéristiques de cette direction incapable, opportuniste, infectée de « suivisme ».

Par l'accumulation de ses fautes, cette direction a découragé, même ceux qui avaient cru possible de l'améliorer. Elle ne réussit à se maintenir qu'en s'inféodant toujours davantage au groupe Staline et qu'en étouffant toute critique dans les rangs du parti, tantôt brutalement, tantôt avec des habiletés subalternes.

Il est devenu nécessaire d'établir le bilan de la direction Doriot-Semard-Monmousseau, de ce qu'on peut appeler par abréviation : « *la direction D.S.M.* ».

Les fausses perspectives d'inflation à outrance

La dégringolade du franc qui se produisit au milieu de 1926 ne signifiait nullement que le capitalisme français aux abois courait immédiatement à la catastrophe financière de l'Etat.

L'inflation fut *provoquée* par les grands possédants au moyen du sabotage systématique de l'impôt et de l'évasion massive à l'étranger de capitaux s'élevant à 10 milliards de francs-or. L'inflation fut, de la part de la fraction réactionnaire du grand capitalisme français, *une manœuvre politique de grande envergure* destinée à hisser au pouvoir

Poincaré, son homme de confiance. Le Bloc des Gauches avait joué son rôle de sauveur de la bourgeoisie, en empêchant les masses mécontentes du Bloc National de s'orienter vers les communistes et vers les solutions révolutionnaires. Subissant la pression des masses laborieuses, qui l'avaient porté au pouvoir, le Bloc des Gauches devenait une entrave pour le capitalisme. Par l'inflation provoquée, les grands possédants discréditèrent le Bloc des Gauches, le dissocièrent et poussèrent au gouvernement, Poincaré représenté comme le Sauveur.

La direction D. S. M. *ne comprit rien* à la manœuvre politique de l'ennemi.

Elle n'entendit pas l'avertissement donné par le *Plan des Experts* et par la tentative du ministère Briand-Caillaux de l'appliquer.

Elle ne prévit pas qu'à l'inflation allait succéder le redressement monétaire et financier et la crise économique.

Elle continua pendant des semaines à crier à l'inflation catastrophique alors que le franc se revalorisait de jour en jour.

Incapable de montrer à la masse le sens d'événements qu'elle ne comprenait pas elle-même, la direction D.S.M. ne sut pas ébranler par des arguments justes, la « mystique de la confiance ». Aussi ne put-elle pas dresser *rapidement* la masse contre le retour de Poincaré au pouvoir et contre le gouvernement d'Union Nationale.

La crise économique

Cette « myopie politique » de la direction D.S.M. fit perdre un temps précieux au parti et à la classe ouvrière dans la lutte contre le chômage et contre la réduction des salaires.

Le prolétariat et son avant-garde communiste furent surpris par la crise économique et la bourgeoisie profita du trouble qui en résulta dans nos rangs.

Lorsque tardivement la direction D.S.M. commença à comprendre le changement survenu dans la situation, elle n'en commit pas moins de lourdes fautes.

LA LUTTE A L'USINE NÉGLIGÉE

Au début, elle porta, quoique fort insuffisamment, son effort sur la ligne de moindre résistance qui était aussi la ligne de moindre efficacité dans le combat contre l'ennemi bourgeois. Il est relativement facile d'organiser les chômeurs et de les faire manifester. Il est beaucoup plus difficile, mais beaucoup plus nécessaire, d'organiser dans les usines, la lutte contre le débauchage et contre la réduction des salaires au moment où les ouvriers sont menacés de licenciement. Au lieu de mener parallèlement ces deux tâches, la direction D.S.M., sans s'occuper suffisamment de la première, négligea la seconde sur laquelle il aurait fallu porter le principal effort.

LA SOLIDARITÉ OUVRIÈRE

La direction D.S.M. opposa faussement le pratique de la solidarité ouvrière envers les chômeurs à l'action contre la bourgeoisie. Loin de les opposer l'une à l'autre, il fallait partir de la pratique de la solidarité ouvrière, premier trait d'union entre chômeurs et non-chômeurs et montrer en même temps que cette solution est insuffisante et fausse, en tant que solution définitive, qu'il faut lutter tous ensemble pour arracher au patronat et à l'Etat bourgeois les secours de chômage et les journées de travail plus courtes, sans réduction de la paye hebdomadaire.

LA MAIN-D'ŒUVRE ÉTRANGÈRE

La direction D.S.M. aborda faussement le problème de l'immigration de la main-d'œuvre étrangère.

La surabondance de main-d'œuvre, quelle qu'en soit la nationalité, rend forcément plus difficile la lutte pour les salaires.

Pour les ouvriers de toutes nationalités, vivant déjà en France, la nouvelle main-d'œuvre affluant en période de chômage est préjudiciable, non comme main-d'œuvre *étrangère,* mais comme main-d'œuvre en *surnombre.*

De même que la C.G.T. depuis le temps de Pelloutier, *par ses propres moyens,* détourne la main-d'œuvre française des villes et des usines atteintes par le chômage, il fallait, par nos propres moyens, par nos organisations ouvrières internationales, détourner autant que possible les ouvriers étrangers de la France, atteinte par le chômage. Il fallait lutter pour le contrôle, *par les organisations ouvrières,* des agences d'immigration établies à Paris par le grand patronat et par le ministère du Travail.

Pour les ouvriers se réfugiant en France, afin d'échapper à la bourgeoisie de leur pays, *le droit d'asile* devait, bien entendu demeurer intangible.

La direction D.S.M. embrouilla le problème. Dans la discussion, la thèse de la frontière libre s'opposa au contrôle à la frontière, qui ne pouvait être qu'un contrôle policier et gouvernemental. Une telle manière de poser la question est aussi éloignée de la réalité que de l'esprit de classe. Elle a abouti à toute une série de mots d'ordre successifs, faux, incohérents et contradictoires.

Depuis ce temps, la direction D.S.M. a laissé de côté le problème de la main-d'œuvre étrangère, qu'il s'agisse de l'immigration ou des ouvriers étrangers vivant en France.

La question nationale en Alsace-Lorraine et le question coloniale

La direction D.S.M. s'est en fait désintéressée de la question d'Alsace-Lorraine considérée sans doute comme une question locale. Même aujourd'hui, alors que toute la presse bourgeoise attaque le mouvement national, la direction D.S.M. garde le silence et l'*Humanité* est le seul journal qui se taise.

De même la direction D.S.M. délaisse de plus en plus les luttes libératrices des colonies qui ne trouvent pour ainsi dire plus leur expression dans notre quotidien.

La lutte des ouvriers et des paysans en Alsace-Lorraine, pays capitaliste hautement développé, aussi bien que dans les colonies arriérées, cette lutte dirigée contre le joug de l'impérialisme français, est notre lutte, et le parti tout entier doit y intéresser le prolétariat de notre pays.

Le Néo-Cartel des Gauches

Le Néo-Cartel des Gauches qui, depuis longtemps a essayé de se constituer, exprime les hésitations de la petite bourgeoisie et des couches prolétariennes arriérées.

Le Néo-Cartel est utilisé par la fraction libérale de la bourgeoisie (une partie du grand commerce, de la grande banque et de l'industrie de transformation) pour lutter contre la fraction réactionnaire, sa rivale.

Mais le Néo-Cartel sert avant tout à endiguer le mécontentement croissant des masses et à empêcher celles-ci de se grouper derrière les communistes.

Après la faillite de l'ancien Cartel, le Néo-Cartel ne pouvait se constituer sur aucun programme précis, national, régional ou même local. Pour se constituer comme formation politique et électorale, il lui fallait l'arrondissement avec ses deux tours de scrutin.

Dans les marchandages intérieurs de l'Union nationale, Poincaré a donné le scrutin d'arrondissement comme moyen de réaliser le Néo-Cartel en échange de l'assurance donnée par Albert Sarraut que ce Néo-Cartel fonctionnerait comme barrage contre le communisme.

Le Néo-Cartel est l'ennemi le plus dangereux de la classe ouvrière, non seulement sur le terrain électoral, *mais en premier lieu* parce qu'il tend à détourner les forces ouvrières et les masses travailleuses de la lutte directe contre le capitalisme.

La direction D.S.M., faute de comprendre, a longtemps gardé le silence, n'a pas encore expliqué clairement aux ouvriers les dangers qui les menacent et par suite, n'a pas fourni l'effort maximum pour détourner du Néo-Cartel le plus grand nombre possible d'ouvriers.

Venant bien après ceux de Blum et de Maurice Sarraut, les articles tardifs de Semard, bien que bourrés de citations de Marx et de Lénine, passent tout à fait à côté de la question véritable.

Bien plus, la tactique déjà très discutable en soi suivie aux élections sénatoriales, n'a été envisagé que du point de vue subalterne des résultats électoraux. Le jeu de la bourgeoisie, éludant les questions ouvrières en jouant des aller et retour législatifs interminables entre le Sénat et la Chambre n'a pas été dénoncé. La lutte pour la suppression du Sénat lui-même n'a même pas été évoquée dans la propagande. La tactique suivie n'a d'ailleurs pas été expliquée à la classe ouvrière et les résultats obtenus n'ont été exploités qu'insuffisamment pour opposer les ouvriers de la gauche socialiste à la direction de leur parti en ce qui concerne la démission des députés élus sénateurs. Dans cette atmosphère générale, notre parti a donné l'impression de n'être plus qu'une espèce de prolongement du Bloc des Gauches.

Et les distinctions faites dans l'*Humanité* entre les vrais et les faux démocrates bourgeois, les appels répétés adressés à la presse de gauche ou à Frossard, d'avoir à prendre parti pour nous, désorientent la masse, contribuant à redorer le blason, passablement défraichi des chefs de gauche, et à nous faire apparaître comme l'extrême-gauche du Néo-Cartel. Tout cela affaiblit l'influence de notre parti au bénéfice des chefs socialistes et des chefs radicaux de gauche.

Les élections de 1928

Alors que déjà, en fait, la campagne électorale est ouverte dans le pays tout entier, la direction D.S.M. se tait sur les problèmes se rapportant aux futures élections.

Loins de correspondre à une ferme politique de classe, loin de

témoigner d'un esprit révolutionnaire, ce silence favorise le dévelop-
Cachin lui-même à propos d'élections partielles dans le Nord.
Il faut orienter le parti vers une claire tactique électorale de
pement dans nos rangs de ce « prurit d'électoralisme » signalé par
classe, il faut avant tout, utiliser la période électorale pour l'appel à la lutte directe contre l'offensive capitaliste et pour la propagande des buts révolutionnaires du prolétariat.

La lutte contre la répression et pour l'amnistie

Dans la lutte contre la répression, la direction D.S.M. a commis de graves fautes.

Plusieurs camarades dirigeants poursuivis se sont, conformément aux décisions du B. P. rendus en prison, sans même donner à la police la peine de les arrêter.

Lors de l'évasion de Daudet, l'*Humanité* s'est tournée vers le gouvernement pour quémander « dix jours de liberté provisoire » en faveur de Semard, au lieu de commencer à organiser immédiatement une action de masse vigoureuse contre la répression et pour l'amnistie.

Dans la lutte pour arracher André Marty au régime du droit commun et pour le faire remettre au régime politique, la direction D.S.M. a complètement oublié la revendication du régime politique en faveur des ouvriers emprisonnés pour affichage, pour faits de grève ou pour collision avec la police.

Au début, les menaces de répression formulées par Albert Sarraut, ont été accueillies avec une inconcevable légèreté, et la question a été traités dans l'*Humanité* sur un ton de défi boulevardier qui ne correspondait ni au sérieux de la situation ni à la plus élémentaire dignité prolétarienne.

Après avoir vécu dans l'attente de l'amnistie pour le 14 juillet, les cercles dirigeants de notre parti vivent dans l'attente de l'amnistie espérée par eux pour le 11 novembre et pour la rentrée des Chambres.

Pour un parti prolétarien et révolutionnaire, l'amnistie ne peut pas être un cadeau de la bourgeoisie, elle ne peut résulter que de la lutte vigoureuse des masses.

La crise du Parti Socialiste

Sous la pression de toute la situation en France, une crise croissante se développe à l'intérieur du parti socialiste. Une gauche s'y forme sous la poussée des éléments ouvriers, résolus à pratiquer une politique ferme de lutte de classe.

La direction D.S.M. n'a pas prêté une attention suffisante à cette crise. Aux efforts des chefs socialistes pour retenir leurs troupes en opposant l'unité politique au front unique, il n'a été tout d'abord répondu dans nos rangs que par la campagne équivoque de Tours. La direction D.S.M. a laissé se dérouler cette campagne confusionniste sans redresser sérieusement les fautes commises.

Il fallait, par une discussion publique, et par un travail sérieux aider les ouvriers de la gauche socialiste à trouver leur chemin vers le communisme, et les mettre en garde contre la manœuvre de l'unité politique, ainsi que contre le caractère équivoque de la politique suivie par leurs propres chefs de tendance.

A ces ouvriers, il fallait dire : Le noyau essentiel de vos chefs et de votre appareil, profondément lié à la bourgeoisie ne permet pas le redressement de classe de votre parti, c'est même la raison de la scission de Tours. Vos illusions sur un redressement possible du parti socialiste se dissiperont au cours même de votre lutte à l'intérieur de celui-ci. C'est pourquoi nous vous aiderons dans votre lutte, et quand votre gauche aura grandi, quand elle aura rassemblé les meilleures forces ouvrières de votre parti, quand vous vous rendrez compte qu'il n'y a plus rien à faire dans le parti socialiste, quand vous comprendrez pleinement que le communisme, loin d'être la doctrine arbitraire d'un parti de secte, résume l'expérience de plus d'un siècle de luttes ouvrières et de plusieurs Révolutions, alors vous ferez l'unité politique avec le parti communiste, dans ses rangs et sur la base de sa doctrine.

Glissement réformiste de la direction Monmousseau dans la C.G.T.U.

La C.G.T.U. ouverte à tout ouvrier, est en fait, sous l'influence prépondérante des communistes, qui portent la responsabilité de son orientation et de ses actes.

Le développement de la C.G.T.U. en une organisation syndicale de masse, est en rapport avec l'agitation pour des revendications immédiates bien choisies, et avec la création de caisses de secours et autres institutions susceptibles d'attirer et de fixer au syndicat un grand nombre d'ouvriers jusqu'alors inorganisés.

L'attention portée enfin par la C.G.T.U. à ces questions serait chose excellente à condition que les cadres dirigeants ne perdent pas de vue les buts révolutionnaires finaux du prolétariat.

Dans la préparation du Congrès de Bordeaux, les communistes se sont souvent présentés comme des « réformistes actifs », réhabilitant ainsi l'idée du réformisme, au lieu de s'affirmer comme des révolutionnaires qui, préparant la lutte décisive, sont les seuls qui soient prêts à chaque instant à lutter à fond pour toutes les revendications immédiates et partielles de la classe ouvrière.

Dans les articles qui ont préparé le Congrès de Bordeaux l'idée de la Révolution n'a pas été invoquée une seule fois et le mot même de révolution n'a pas été prononcé.

Dans la lutte pour les assurances sociales, les préoccupations d'aboutir par la voie parlementaire ont souvent pris le pas sur l'appel à la lutte des masses.

Au Congrès de Bordeaux, aucun des problèmes à la fois théoriques et pratiques, relatifs au développement des luttes partielles, dans la direction des buts révolutionnaires, n'a été ni posé, ni résolu. A quelles conditions doit satisfaire un mot d'ordre pour mettre les masses en mouvement ? Comment travailler à élargir les luttes partielles en une lutte plus générale portée à un niveau plus élevé ? Comment, dans chaque phase de la lutte, faire l'agitation pour préparer la phase suivante ? Quand, comment et sous quelles conditions, peut-on et doit-on au cours de la lutte changer les mots d'ordre et les objectifs immédiats à atteindre ? Comment utiliser chaque lutte pour la propagande en faveur des buts révolutionnaires finaux du prolétariat ? Aucun de ces questions n'a même simplement été abordée au Congrès de Bordeaux.

Orienter la C.G.T.U. sur les revendications immédiates, sans examiner et clarifier ces problèmes au sein d'une organisation comme la C.G.T.U., dont les anciens cadres viennent du réformisme ou de l'anarcho-syndicalisme, et dont les cadres jeunes sont encore très inexpérimentés ; c'est vouer la C.G.T.U. au glissement inéluctable vers le trade-unionisme borné et sans horizon. Au lieu d'apprendre aux cadres syndicaux de la C.G.T.U. à orienter les luttes partielles vers les buts révolutionnaires, le congrès de Bordeaux a faussement opposé les revendications immédiates à la « haute politique ».

Le danger de glissement réformiste de la C.G.T.U. vers le réformisme est d'autant plus menaçant qu'un grand nombre de syndicats affiliés se rencontrant périodiquement avec le patronat dans des commissions paritaires, sans que cette situation ait fait l'objet d'un examen sérieux et sans que des limites précises aient été fixées.

Enfin, le congrès de Bordeaux, remarquable par la multiplicité innombrable des mots d'ordre adoptés, n'a pas su mettre en lumière les principaux objectifs immédiats pour lesquels on peut et on doit entraîner les masses à lutter.

La lutte pour l'unité syndicale

Le problème de la lutte pour l'unité syndicale, n'ayant pas été largement examiné par les organes réguliers du parti à tous les degrés, s'est posé brutalement à la réunion de la fraction communiste du congrès de Bordeaux, a opposé divers courants d'opinion, et finalement n'a pas été résolu, d'une façon claire.

La direction du parti, au cours des mois écoulés, n'a pas, par une large discussion publique avec les unitaires de gauche de la C.G.T., travaillé à éclaircir la question de l'Unité syndicale devant l'ensemble des ouvriers, ni contribué à l'évolution et à la consolidation idéologique de la gauche unitaire.

Le régime intérieur de plus en plus mauvais qui sévit dans le parti, se transposant trop souvent dans les syndicats gagnés à l'influence communiste, fournit des armes aux adversaires de l'unité syndicale.

Faute d'avoir montré devant la classe ouvrière que la lutte pour l'unité syndicale est nécessairement une lutte acharnée, longue, difficile, contre le noyau essentiel des chefs réformistes, agents de la bourgeoisie dans le mouvement ouvrier, en affirmant au contraire que personne ne pouvait « s'opposer sérieusement » à la résolution Paris-Etat-Rive droite, en demandant à la classe ouvrière de briser *les derniers obstacles* qui s'opposent à la réalisation de l'unité syndicale, la direction Monmousseau a fait miroiter la prespective de la réalisation toute proche de l'unité, et a provoqué par là-même la désillusion dans nos rangs en face du rejet par la C.G.T. de la motion Paris-Etat-Rive-Droite. (*Voir Humanité* 27 *juillet* 1927).

Sur la base de cette désillusion provoquée par la politique de la direction Monmousseau, s'est développée dans nos rangs la tendance à l'abandon de la lutte pour l'unité syndicale, la tendance à se livrer à de prétendues « représailles » contre la C.G.T., la tendance au « grignotage » par la C.G.T.U. des syndicats de la C.G.T.

Ce « grignotage » approfondirait la scission. Les ouvriers de la C.G.T. au fur et à mesure qu'ils deviendraient révolutionnaires, se sépareraient des ouvriers réformistes, pour rejoindre nos rangs, se privant de la possibilité d'influer de *l'intérieur* sur les ouvriers demeurés réformistes et abandonnés ainsi à l'influence de Jouhaux.

En menant systématiquement une politique qui a provoqué la croissance de pareilles tendances, la direction Monmousseau, en dépit de belles paroles sur l'unité syndicale, s'est dévoilée comme profondément hostile à la lutte réelle et persévérante pour l'unité syndicale, et elle a révélé son esprit étroit de « conservatisme » d'organisation.

Si toute cette fausse politique n'était pas radicalement corrigée, la C.G.T.U. glissant de plus en plus vers le réformisme, tendrait sans cesse davantage à devenir une simple maison rivale de la C.G.T., débitant de plus en plus la même marchandise trade-unioniste.

Et finalement, l'implacable logique d'un tel développement en dépit des phrases sonores de gauche, aboutirait à l'union des deux C.G.T. sur la base du réformisme et de la liquidation du communisme.

Contre la politique de la direction Monmousseau, qui mène inéluctablement vers de tels résultats, il faut mener un combat impitoyable.

Notre ligne générale, dans la lutte pour l'unité syndicale, c'est de maintenir dans la C.G.T. les syndicats gagnés à l'esprit unitaire et révolutionnaire jusqu'au moment où, sous une poussée suffisante de la lutte des classes, deviendra réalisable une véritable unité syndicale, laissant seulement en dehors d'elle les chefs réformistes, la partie fidèle de leur appareil et les quelques ouvriers inconscients qui s'opposeraient à l'unification et à la lutte contre la bourgeoisie.

Parfois, la complexité de la vie peut amener, dans l'intérêt de l'unité et de la lutte, à faire une infraction à la règle générale du maintien dans la C.G.T. des syndicats devenus révolutionnaires, mais la Commission chargée de décider ces exceptions ne saurait être composée que de partisans sincères de l'unité syndicale.

Il faut mener une lutte implacable contre tout glissement vers le réformisme à l'intérieur de la C.G.T.U., contre les « grignoteurs » avoués, et davantage encore contre les « grignoteurs » cachés, les plus dangereux parce qu'ils ont toujours l'unité syndicale à la bouche.

Les fautes opportunistes dans le mouvement gréviste

Pendant la période d'inflation du premier semestre de 1926, la direction D.S.M. n'a pas su élargir le mouvement des grèves partielles en un mouvement plus général. Au contraire, elle a constamment freiné les mouvements grévistes en opposant *faussement* les grèves partielles aux grandes luttes d'ensemble qui ne peuvent sortir que de l'élargissement, de l'approfondissement et de la coordination des luttes partielles.

La direction D.S.M. n'a su ni préparer, ni exploiter, dans l'intérêt des ouvriers, la grève du 1er avril 1926, qui, cependant, mit debout 100.000 ouvriers métallurgistes de la Région Parisienne, grève au succès de laquelle, elle ne croyait d'ailleurs pas.

Lors de la diminution des salaires des mineurs, en avril-mai 1927, la direction D.S.M. lança le mot d'ordre de la grève générale de 24 heures sans la préparer sérieusement. Alors que les chefs réformistes, traitant avec les compagnies, étaient en train de trahir le prolétariat minier, l'*Humanité,* au lieu de dénoncer la trahison demandait : Que vont faire les chefs réformistes ? La grève de 24 heures fut remplacée par une Journée Nationale de démonstration, sans aucune tentative de réaliser la grève au moins dans les bassins où nous pouvions, en raison de notre influence, entraîner la grande masse en dépit de la préparation défectueuse.

La direction D.S.M. n'a pas encore fait fonctionner la commission d'enquête nommée pour étudier l'accord passé avec le patronat textile de Roanne par le délégué de la C.G.T.U., qui, au lieu d'organiser la lutte contre la réduction des salaires, passa un compromis avec le patronat.

En juin 1927, dans la grève des pêcheurs bretons, la direction D.S.M. n'a pris à temps toutes les mesures utiles pour déjouer les manœuvres du patronat et de l'Eglise : travail parmi les femmes, insuffisamment et tardivement aide par le centre, absence sur place de camarades rompus aux luttes grévistes et susceptibles de conseiller un mouvement jeune et inexpérimenté. Trompés par de fausses nouvelles patronales de reprise du travail, les pêcheurs cessèrent la grève dans les divers ports et le mouvement échoua.

Tous ces faits jugent la politique suivie par la direction D.S.M. dans le mouvement gréviste sans qu'il soit besoin de les commenter.

Le mouvement Sacco-Vanzetti

Lors du mouvement Sacco-Vanzetti, la direction D.S.M. a accumulé fautes sur fautes en l'espace de quelques semaines.

Dispersion des campagnes menées

Les diverses campagnes menées par le parti contre la répression en Chine et en Europe, contre la rationalisation, contre les dettes de guerre, contre les dangers de guerre, ont été menées en ordre dispersé, au lieu d'être rassemblées autour du centre d'intérêt que constituait pour les masses l'affaire Sacco-Vanzetti.

Le front unique, geste symbolique

La direction du parti n'a pas mené la campagne dans le sens du front unique, alors que la poussée des masses permettait d'arracher de nombreuses organisations socialistes et syndicales de la base à la discipline d'inaction prêchée par les chefs réformistes. Si jamais, au cours de l'histoire de notre parti, dans une situation éminemment favorable, le front unique a été, de la part de la direction, pratiqué par en haut seulement, si jamais il a été réduit à l'envoi d'une lettre ouverte aux chefs, si jamais il s'est borné à un geste symbolique de la dernière minute, c'est bien dans la campagne Sacco-Vanzetti. La seule proposition de front unique qui précéda l'exécution des condamnés, fut adressée le 21 août au soir, c'est-à-dire la veille de l'exécution, par le Bureau de la C.G.T.U. au Bureau de la C.G.T.

Heureusement, il y a eu à la base d'heureuses initiatives et de belles réalisations de front unique, mais elles ne furent aidées en rien par la campagne de presse menée dans l'*Humanité* par la direction du parti.

Or,depuis longtemps, il est devenu clair dans toute l'Internationale que pratiquer dérisoirement le front unique, signifie la crainte de la lutte directe des masses, et est une caractéristique de l'opportunisme.

Le Parti à la remorque de la bourgeoisie

Dans la lutte Sacco-Vanzetti, l'hégémonie n'a pas été recherchée dès le début et l'on a vu s'épanouir dans l'*Humanité* (5 août) la théorie selon laquelle le prolétariat ne devrait que venir en renfort, après la « presse de différentes nuances », après les « sommations respectueuses », après les « appels à l'humanité », après la discussion « courtoise », après « l'indignation des intellectuels ».

Il a été très difficile de remonter ensuite le courant et de replacer la lutte sur son véritable terrain de classe.

« Ne te laisse pas provoquer »

Lors de toutes les démonstrations qui ont précédé dans toute la France l'exécution de Sacco et de Vanzetti, tous les appels du parti ont mis la masse sous la terreur constante de l'idée qu'elle serait le jouet des provocateurs. Ce n'est pas ainsi qu'on lutte contre la provocation policière. On lutte contre elle en encadrant les démonstrations par des groupes de camarades avertis, qui savent distinguer entre ce qui est la volonté combattive des masses, et ce qui est la provocation policière. Briser la combativité de la masse en lui répétant sans cesse : ne te laisse pas provoquer ! ce fut, dans la période des grandes luttes ouvrières allemandes, l'une des caractéristiques de l'opportunisme de Brandler et le refrain : ne te laisse pas provoquer ! était alors devenu la risée de tous dans l'Internationale.

La manifestation du 23 août

La manifestation du 23 août sur les boulevards, à la suite de l'exécution de Sacco et de Vanzetti, fut conduite sous des mots d'ordre inacceptables.

L'*Humanité* (25 août) marque que la « provocation était annoncée depuis plusieurs jours ». Et, en face de la police armée jusqu'aux dents, résolue à frapper, on envoie la foule manifester malgré l'interdiction gouvernementale en lui disant : « Du calme, de la dignité, pas d'armes et en même temps, on ne fait pas appel aux groupes de défense ouvrière en civil pour protéger la manifestation.

On n'a pas le droit d'exposer ainsi aux coups de l'ennemi la masse désarmée et non protégée.

Certes, il ne fallait pas aller au putchisme, il ne fallait pas dire : Aux armes et sus à la police ! Le rapport des forces ne permettait pas l'offensive.

Mais il fallait organiser la défensive contre la police et protéger la démonstration contre l'attaque policière annoncée depuis plusieurs jours. Il fallait couvrir la retraite de la manifestation, l'encadrer, et l'entraîner vers d'autres objectifs connus, d'un nombre suffisant de chefs sûrs. En cela, devait consister le travail des groupes de défense ouvrière.

Faute d'avoir ainsi organisé la démonstration avec eux, la majeure partie de celle-ci fut morcelée en petits paquets infimes. Une bonne organisation de la manifestation eut considérablement réduit nos pertes, et eut permis d'entraîner à Montmartre, non une colonne importante, certes, mais la majeure partie de nos forces.

La reculade du 19 septembre

Après avoir annoncé, que nous empêcherions le Congrès de l'Américan Légion et le défilé du 19 septembre, nous avons reculé.

Il était à prévoir, au moment où la direction D.S.M. lançait son défi, que la bourgeoisie ferait une contre-préparation formidable. Depuis ce temps, rien d'imprévisible ne s'est produit. Au contraire, la manifestation du 23 août, si elle n'a été qu'un succès, insuffisant en raison des fautes commises, a cependant réussi au delà de ce que pensait la direction D.S.M.

Avec une direction résolue, qui ne serait pas minée par l'opportunisme, et déchirée par des hésitations et des tiraillements internes, avec une bonne préparation politique et technique, une manifestation maintenue sur la défensive, eut été possible sur la voie publique, le 19 septembre à Paris, dans un quartier éloigné du lieu du défilé.

Comment on masque une reculade

Au lieu de faire la préparation politique et technique nécessaire, la direction D.S.M. battit en retraite sur toute la ligne, présentant sa reculade comme un chef-d'œuvre de tactique bolchévique.

Le projet de manifeste annonçant pour le 19 septembre la manifestation de Clichy et où la reculade de la direction D.S.M. était représentée comme « la journée de la peur » bourgeoise, est resté à l'état de projet, mais le fait même qu'un tel projet ait pu être rédigé, met à nu les procédés de bluff et de cabotinage auxquels une direction opportuniste, quand elle ne se trouve pas en face de vigoureuses protestations, n'hésite pas à recourir pour masquer ses fautes et cacher la réalité au prolétariat.

L'Humanité, pour justifier lareculade, n'a cessé de répéter sur tous les tons, et sous une forme parfois assez habile ; ou bien c'est le Grand Soir et la Révolution, ou bien on ne manifeste que dans les formes autorisées par le gouvernement. C'est un véritable poison réformiste qu'on tente ainsi d'inoculer au prolétariat. Jamais un révolutionnaire, digne de ce nom, jamais un véritable bolchévik, ne se laissera enfermer dans une telle alternative. La Révolution ne peut venir et triompher que si préalablement, dans la succession des luttes partielles, quand la situation le permet, la masse a été entraînée à se mesurer sur la voie publique avec les forces armées de la bourgeoisie.

A la remorque des chefs réformistes

Quand fut décidée en principe la manifestation en banlieue, l'Union Parisienne des Syndicats Unitaires proposa le front unique à l'Union Confédérée, front unique par en haut seulement ! En attendant la réponse on se croisa les bras. Comme la réponse ne venait toujours pas, le Comité d'action, le 15 septembre, à trois jours de la manifestation, se décida enfin à convoquer les travailleurs à Clichy pour le 19.

Ainsi, en attendant le bon plaisir des chefs réformistes, on ne commença dans les usines aucune préparation sérieuse ! C'est seulement le 15 au soir que les chefs confédérés, sans se donner la peine de répondre directement, annoncèrent leur refus dans le *Peuple*. La proposition faite par l'Union Unitaire ne fut connue qu'après le refus. C'est seulement le 17 septembre qu'elle fut publiée dans l'*Humanité.*

Jamais il n'y avait encore eu dans l'histoire de notre parti une telle caricature du front unique, ravalé au rang de négociations diplomatiques entre chefs, négociations cachées à la masse, tant qu'elles sont en cours, qu'elles ont abouti ou lorsqu'elles ont échoué. Il n'est guère possible de se mettre plus complètement à la remorque des chefs réformistes.

Participation volontaire au front unique des autres contre soi-même

Le 9 octobre devait avoir lieu la commémoration de Sacco et de Vanzetti dont les masques mortuaires éaient parvenus à Paris.

La municipalité communiste d'Ivry avait tout préparé pour cette commémoration et décidé d'appeler la masse à inaugurer la nouvelle rue Sacco-Vanzetti.

Le comité Sacco-Vanzetti, formé de quelques anarchistes et de quelques intellectuels bourgeois, sans influence appréciable, déclina l'invitation de la municipalité communiste d'Ivry et décida d'exposer à la mairie de Saint-Ouen les masques mortuaires.

La direction D.S.M., ou tout au moins ceux qui sont ses hommes de confiance, décida de se mettre à la remorque du comité anarcho-démocrate sans influence et de convoquer à Saint-Ouen les travailleurs parisiens.

Ceux-ci eurent ainsi l'occasion d'assister, de loin, c'est vrai à la manifestation anarcho-démocrate organisée contre leur parti de classe et contre l'U.R.S.S. C'est la première fois dans l'histoire de notre parti qu'une direction se met à la remorque de « rien » pour que « rien » devienne « quelque chose ». C'est la première fois dans l'histoire de notre parti qu'une direction participe volontairement à une manifestation anarcho-démocrate, dirigée contre le parti.

Dans la campagne Sacco-Vanzetti, il ne restait plus qu'une faute à commettre, elle a été commise.

La direction D.S.M. est un danger pour le prolétariat

La direction D.S.M. ne peut invoquer comme excuse valable que plusieurs de ses membres étaient en prison lors de la campagne Sacco-Vanzetti. Monmousseau était en liberté lors des événements de Saint-Ouen, et si Lénine pouvait diriger de l'étranger le mouvement ouvrier de

Russie, il est bien évident, *toutes proportions gardées,* qu'une direction de parti peut, de la Santé, montrer à ceux de l'extérieur le chemin à suivre. La Santé n'est pas isolée du reste du monde.

Les quelques succès prolétariens obtenus dans la lutte pour Sacco-Vanzetti l'ont été non pas *à cause* de la politique suivie par la direction D.S.M., mais *malgré* elle.

Il est clair, d'ailleurs, qu'il ne s'agit nullement d'erreurs accidentelles. La continuité des erreurs qui s'est manifestée lors de la campagne Sacco-Vanzetti, montre combien *la ligne générale de la direction D.S.M. est absolument fausse et profondément opportuniste.* Les erreurs commises maintenant sont la conséquence *inéluctable* de toute la politique suivie depuis plus d'une année.

A la manière dont la direction D.S.M. a gaspillé l'effort déployé par la classe ouvrière dans la lutte pour Sacco et Vanzetti, on peut juger quel danger redoutable constitue pour le prolétariat une telle direction en face des grandes luttes qui sont dans notre perspective.

Les groupes de défense ouvrière

Malgré les engagements pris par elle à maintes reprises, la direction D.S.M. n'a apporté aucune aide sérieuse, ni aux groupes de défense ouvrière, ni au développement des « Combattants du Front Rouge ».

Lors de la manifestation Sacco-Vanzetti, la direction D.S.M. n'a même pas fait appel aux groupes de défense ouvrière existant déjà. Comment pourrait-elle songer sérieusement à les développer ?

Et maintenant, au lieu de développer ces groupes, on prépare une politique de morcellement de ces groupes entre les diverses organisations. Cet éparpillement des forces de défense ouvrière, en face de la concentration des forces policières et militaires de la bourgeoisie, mène à l'impuissance.

Et ainsi, quand les masses voudront combattre, ou même simplement manifester malgré l'interdiction gouvernementale, la direction D.S.M. invoquerait comme des impossibilités les difficultés résultant de sa politique d'impréparation.

Avec une telle politique, nous serions constamment en retard sur la combativité des masses et hors d'état d'encadrer et de diriger la lutte des masses dans la rue. Est-ce cela la politique de l'avant-garde prolétarienne ?

Et pendant ce temps-là, à l'appel des chefs réformistes, et en particulier de Frossard, s'ébauche une espèce de « Reischsbanner » française, qui, tout comme la prétendue « Armée rouge » de la social-démocratie autrichienne se tournera au moment décisif contre les ouvriers.

Insurrection viennoise

Lors de l'insurrection viennoise de juillet, la direction D.S.M. a mené une politique radicalement fausse.

La milice socialiste, dirigée et contrôlée par les agents réformistes de la bourgeoisie dans le mouvement ouvrier a été représentée comme une « armée rouge ». Cette prétendue « armée rouge » a aidé le gouvernement Seipel à mater le mouvement, à fusiller les ouvriers.

Adoptant comme point de départ l'analyse faite par les social-démocrates de la situation, la direction D.S.M. représenta l'insurrection autrichienne comme vouée d'avance à l'échec par suite de l'intervention étrangère.

Dans ces conditions, il était évidemment impossible de mobiliser la solidarité active du prolétariat français.

Il aurait fallu montrer au prolétariat autrichien quelles possibilités réelles il avait en cas de victoire pour jouer pendant un certain temps entre les rivalités des impérialismes voisins incapables de passer immédiatement les compromis nécessaires pour effectuer sans délai une intervention armée contre la Révolution. Il fallait évoquer la perspective des Soviets et de l'adhésion de la Révolution autrichienne victorieuse à l'Union soviétique.

La défense de la révolution chinoise

Après le coup d'Etat de juillet à Hankéou, la direction D.S.M. n'a mené aucune campagne sérieuse contre la répression atroce des ouvriers et des paysans chinois par la bourgeoisie nationale et ses généraux.

Le Sun-Yat-Senisme, doctrine du libéralisme bourgeois, n'a fait l'objet d'aucune critique, notamment lors du voyage de Eugène Chen et de Mme Sun-Yat-Sen à Moscou.

Le mouvement révolutionnaire ouvrier et paysan qui continue à combattre en ordre dispersé n'est plus évoqué que de temps à autre dans quelques filets ou quelques brefs articles, enfouis à la troisième page de l'*Humanité*.

Il semble qu'on veuille, sous un demi-silence, se débarrasser de ce mouvement révolutionnaire chinois, qui, vaincu par suite de la politique opportuniste de Staline, persiste cependant à lutter et à combattre les armes à la main.

La lutte contre l'espionnage communiste et contre la guerre

Dans la lutte contre la guerre, le rôle des traîtres de « gauche » du Conseil général des Trade-Unions, c'est-à-dire des traîtres les plus dangereux, n'a pas été mis en lumière. Purcell a été représenté, sous la plume de Monmousseau, comme un ami de la Révolution soviétique contre lequel il n'y a pas de critique à apporter (*Humanité*, article leader, 4 août 1927).

Toute la campagne contre les dangers de guerre s'en est trouvée singulièrement affaiblie.

Dans les poursuites contre le prétendu « espionnage communiste » la direction D.S.M. a gardé trop longtemps le silence et n'a ensuite mené aucune campagne systématique pour opposer aux accusations de la bourgeoisie le droit et le devoir pour les communistes, les ouvriers et les paysans, de rechercher et de dénoncer à l'opinion ouvrière internationale les faits concrets de préparation à la guerre par la bourgeoisie impérialiste.

Comment lutter sérieusement contre la guerre, si on n'appelle pas les travailleurs à en dévoiler les préparatifs les plus secrets.

La défense de l'U.R.S.S.

La direction D.S.M. a longtemps gardé le silence en face de l'utilisation de Sacco et de Vanzetti par les bourgeois de gauche et par les chefs anarchistes et socialistes en faveur de la suppression en Russie, de la peine de mort appliquée aux contre-révolutionnaires. Même quand la direction D.S.M. a abordé cette question, elle ne l'a pas traitée comme il aurait fallu. Elle n'a pas évoqué l'exemple de la révolution bourgeoise de 1789 en face de la Sainte-Alliance monarchique et féodale. Elle n'a pas expliqué pourquoi nous sommes en régime capitaliste contre la peine de mort appliquée aux victimes de la bourgeoisie, et pourquoi nous sommes pour la peine de mort appliquée en Russie aux contre-révolutionnaires.

Exagérant sur la *Pravda*, l'*Humanité* a gardé non pas 10 jours, mais trois semaines durant, le silence le plus complet en face de la campagne de la réaction pour le rappel de Rakovsky et dans la perspective pour la rupture des relations diplomatiques.

Puis, l'*Humanité* a mené sa campagne, en faisant passer au premier plan l'intérêt des petits porteurs, reléguant ainsi à l'arrière-plan l'appel à l'action du prolétariat. Il fallait s'auresser aux petits porteurs comme à un *allié* possible des ouvriers, et non comme à la force principale capable de s'opposer au rappel de l'ambassadeur et à la rupture diplomatique avec l'Union. Notre parti est une section de l'Internationale communiste, et non une section de l'Internationale des petits porteurs de fonds russes.

Imitant la *Pravda* de Staline jusque dans ses fautes les plus graves, l'*Humanité* a laissé entendre que, après tout, si le gouvernement français y tenait et l'exigeait, Rakovsky serait rappelé. Elle a même annoncé son rappel pour le démentir le lendemain.

Toute cette politique a renforcé l'audace de la réaction et du gouvernement français ; elle a grandement favorisé le rappel de Rakovsky, premier pas vers la rupture des relations diplomatiques.

On défend l'U.R.S.S., non en cachant ses difficultés, ses points faibles et les fautes du groupe Staline ; on défend l'U.R.S.S. en appelant la masse ouvrière de Russie et du monde entier à unir ses forces pour surmonter les difficultés, pour remédier aux faiblesses et pour combattre impitoyablement l'opportunisme staliniste, qui affaiblit l'Etat prolétarien à l'intérieur comme à l'extérieur ; on défend l'U.R.S.S. non en abandonnant un ambassadeur d'opposition à la vindicte du grand capitalisme, mais en appelant le prolétariat et les masses à défendre en la personne de l'ambassadeur, l'Union soviétique attaquée.

Seule l'opposition est pour la défense intégrale de l'Etat prolétarien, car seule elle le défend à la fois contre l'opportunisme staliniste débilitant et contre l'impérialisme qui s'arme jusqu'aux dents.

La situation à l'intérieur du Parti français

En dépit de quelques succès remportés dans la lutte contre les périodes de réserve, le bilan de la politique opportuniste du groupe D.S.M. est un bilan largement passif.

Il en a été de même à l'intérieur de notre parti que dans toute l'Internationale.

L'opportunisme s'est frayé le chemin dans notre parti et à sa direction, en dissociant les forces de gauche, qui avaient bâti le parti dans la lutte contre l'opportunisme, le centrisme et l'anarcho-syndicalisme, en dissociant ces forces de gauche, qui constituent l'âme et l'armature communiste de notre parti.

L opportunisme s'est camouflé en redresseur léniniste de fautes réelles commises par divers groupes de gauche. Il oppose ces groupes artificiellement les uns aux autres avec une habileté subalterne consommée. Puis, quand il se crut le maître de la situation, il développa toute sa ligne politique funeste, en affirmant *faussement* que c'était là le véritable bolchévisme.

Il y a fautes et fautes

Il ne s'agit nullement de masquer ou d'atténuer les fautes commises par l'ancienne direction du parti avant la conférence des 1er et 2 décembre 1925.

Mais, il faut marquer que l'ancienne direction, c'était la direction actuelle, plus les camarades Treint et Suzanne Girault. Sur l'ensemble de la ligne politique suivie alors, la direction actuelle porte donc sa part de responsabilité.

Mais si les décisions furent *presque toutes* prises à l'unanimité, il faut reconnaître que dans *les discussions* du Bureau politique, la gauche représentée par Treint et Suzanne Girault, cherchait à entraîner la direction du parti dans la voie révolutionnaire, tandis que les éléments comme Doriot et Monmousseau tendaient sans cesse vers les solutions opportunistes.

Il est d'ailleurs absolument clair maintenant, que l'élimination de Treint et de Suzanne Girault a laissé le champ libre à l'opportunisme de la direction actuelle.

Il est également absolument clair maintenant que l'élimination de Treint et de Suzanne Girault, loin d'améliorer le régime intérieur du parti, n'a abouti, en définitive, qu'à l'aggraver.

La pression parfois mécanique par laquelle les camarades Treint et Suzanne Girault, suivis par leurs co-responsables, entraînaient le parti trop en avant des masses dans la voie révolutionnaire, si elle constitua une faute dont il faut savoir tirer les leçons, ne peut cependant être en rien assimilée à l'oppression sans merci exercée actuellement par la direction D.S.M. pour entraîner vers l'opportunisme notre parti, profondément révolutionnaire dans sa masse.

Par rapport aux fautes commises en commun par l'ancienne direction, le groupe Treint-Suzanne Girault et le groupe Doriot-Semard-Monmousseau se comportent très différemment.

Le groupe Treint-Suzanne Girault proclame sa responsabilité. Le groupe Doriot-Semard-Monmousseau, lui, fuit sa responsabilité, et cherche à s'en décharger en prenant la camarade Suzanne Girault comme bouc émissaire. Ils ne sont pas dignes d'être des chefs, ceux-là qui éludent leurs responsabilités.

Le groupe Treint-Suzanne Girault travaille à améliorer le régime intérieur du parti pour mieux travailler dans le sens révolutionnaire. Le groupe Doriot-Semard-Monmousseau aggrave le régime intérieur du parti, et le met au service de l'opportunisme.

Aussi, tout révolutionnaire sérieux luttera de toute son énergie contre la tentative de la direction opportuniste D.S.M. de masquer ses fautes catastrophiques d'aujourd'hui, en agitant les fautes d'hier qui sont loin de revêtir le même caractère et la même importance.

Au moment où l'influence diffuse du communisme grandit dans les masses, la politique opportuniste de la direction D.S.M. a provoqué une crise intérieure menaçant gravement le parti ; ainsi qu'une crise grandissante entre le parti et les masses sympathisantes.

Les fautes de la gauche furent la conséquence de son inexpérience et de son impatience révolutionnaire, et c'est pourquoi elles ne menaçaient pas les bases fondamentales du bolchévisme.

Et puis, il n'y eut pas que des fautes et, une comparaison s'impose.

En dépit de la situation objective beaucoup plus favorable d'aujourd'hui, alors que l'expérience a contribué à dissiper les illusions du Bloc des Gauches parmi de nouvelles couches travailleuses, la direction D.S.M. a été incapable de mettre debout un mouvement qui puisse être comparé à la série des congrès ouvriers et paysans dressés contre la guerre du Maroc et les impôts Caillaux, un mouvement même qui puisse être comparé à la grève du 12 octobre 1925. A cause de ses fautes, la gauche n'a pas réussi à entraîner la grande masse, c'est vrai, mais elle a réussi à arracher de nouvelles forces à l'influence des chefs réformistes et à entraîner une avant-garde élargie dans la direction révolutionnaire.

La politique de la direction D.S.M., profondément opportuniste et révisionnaire, en s'écartant toujours davantage du bolchévisme, en s'opposant de plus en plus au bolchévisme *par tous les moyens,* mène à la liquidation du mouvement révolutionnaire et tourne le dos à la Révolution mondiale.

La dissociation de la gauche

L'ancienne direction ne sut pas toujours apprécier exactement le rapport des forces en présence, et pêcha par impatience révolutionnaire, elle voulut parfois forcer au delà du possible l'évolution des masses, elle lança parfois pour la lutte immédiate des mots d'ordre « trop en avant » qui tendaient à séparer le gros des forces prolétariennes de son avant-garde communiste. Elle plaça ainsi les militants dans l'alternative de choisir entre les mots d'ordre « trop en avant », lancés par elle et les nécessités de l'action de masse.

Ces fautes déterminèrent un malaise dans le parti, malaise que l'ancienne direction tenta de résoudre, non par un redressement tactique, mais par des méthodes de pression mécanique. Il en résulta un mauvais régime intérieur tendant à isoler la direction de la masse du parti et des syndicats, en rendant par là-même plus difficile la correction des erreurs.

Le camarade Treint vit assez tôt le péril en France, et quel redressement politique et tactique il fallait opérer, mais il ne sentit pas la véritable situation en Russie et ne comprit pas que le groupe Staline ne pouvait nullement opérer le redressement nécessaire et qu'en s'alliant à lui, il favorisa la mainmise de ce groupe opportuniste sur le parti.

La camarade Suzanne Girault sentit vivement le danger opportuniste que constituait le groupe Staline en Russie et le groupe Doriot-Monmousseau en France. C'est la crainte de laisser passer ce danger qui l'amena à ne pas voir, avant le 1er décembre 1925, les corrections à apporter à la ligne suivie jusqu'alors, ce qui donna une base de manœuvre au groupe Doriot-Monmousseau pour frayer le chemin à sa politique opportuniste.

Ces divergences utilisées par le groupe Doriot-Monmousseau permirent à celui-ci d'aggraver artificiellement la dissociation de la gauche.

Le groupe Staline, au 6e Exécutif élargi de février 1926, opéra sa jonction étroite avec le groupe Doriot-Monmousseau et prépara le ralliement de Semard.

Ces alliés manœuvrèrent pour accentuer la dissociation de la gauche. Les feux se concentrèrent sur la camarade Suzanne Girault demeurée en France, tandis que le camarade Treint était retenu pendant plus d'une année à Moscou, où on s'essayait à le discréditer en le représentant *faussement* comme un partisan de la S.D.N.

Ainsi, l'opportunisme ayant écarté les obstacles principaux de sa route, put mettre la main sur le parti français et sur sa direction.

Régime intérieur intolérable du Parti

Pour faire avaler au parti, ne fût-ce que provisoirement, sa politique opportuniste, le groupe D.S.M. d'accord avec le groupe Staline, a maintenu la masse communiste française dans l'ignorance la plus complète des faits, de la véritable situation et des opinions *véritablement* émises par l'opposition.

Dans le parti français, la direction D.S.M. au lieu de se corriger par la critique du parti, vise à briser toute critique tantôt par des méthodes de pression habiles et doucereuses, tantôt par les mesures les plus brutales, quand elle se heurte à des bolchéviks irréductibles.

On change arbitrairement la composition des cellules, pour y créer des majorités officielles, on n'hésite pas, quand c'est possible à dissoudre les cellules qui veulent simplement savoir et s'informer, on se sert mécaniquement des moyens administratifs pour étouffer la vie politique à la base du parti. Les conférences d'information, de plus en plus rares, ne traitent pas des questions les plus importantes. On dit à l'ouvrier communiste : Fais ton devoir pratique et pour ce qui est de la politique, crois sur parole, sans chercher à t'informer.

Faute d'orienter, par une politique bolchévique, le travail pratique, vers les perspectives révolutionnaires, on développe de plus en plus à la base du parti l'esprit trade-unioniste le plus borné.

Et au sommet, les diverses nuances de l'opportunisme, pour masquer leurs divergences, pour bloquer contre le bolchévisme, éludent les problèmes essentiels, les problèmes les plus vitaux, de la politique internationale comme de la politique nationale.

Le camarade Doriot, le véritable chef du bloc opportuniste, écrivait le 15 septembre 1926 au représentant de l'Internationale : « Vous savez également qu'avant et après Lille, j'ai toujours évité des discussions que je *croyais nécessaires et utiles* dans le Bureau politique, lorsqu'elles pouvaient gêner la marche collective du B. P. Souvent, j'ai reculé pour poser certaines questions qui auraient pu gêner le travail de notre Bureau politique. Chaque fois que l'occasion s'est manifestée, j'ai prouvé que je faisais tous les efforts pour collaborer avec le camarade Semard ».

Ainsi, selon Doriot, résoudre « les questions nécessaires et utiles » au développement du parti, c'est gêner le travail du Bureau politique. Le travail du Bureau politique, ce n'est pas de montrer la voie au parti; de lui soumettre les problèmes politiques les plus importants et de l'aider à les résoudre, le travail du Bureau politique, c'est d'étouffer dans le silence les divergences politiques et de maintenir ainsi avec Semard le Bloc staliniste antibolchévik.

Ce n'est pas sur cette base, ni par de telles méthodes, que Lénine nous a appris à développer le parti et à rassembler ses forces.

Sous la direction de gauche, tout ne fut pas parfait, mais du moins les documents essentiels des diverses oppositions étaient publiés dans les *Cahiers du Bolchévisme* et aucune exclusion n'eut lieu sans que le parti ait eu, *au préalable* la possibilité de connaître l'opinion des divers groupes oppositionnels.

Le régime intérieur établi par la direction D.S.M., qui tantôt brutalise et tantôt chloroforme le parti, est absolument contradictoire avec la formation, le maintien et le développement d'une avant-garde révotionnaire.

Le prolétariat a besoin d'un Parti bolchévik uni et fort

Tout bolchévik doit, par une lutte acharnée à l'intérieur du parti, éliminer de nos rangs le bureaucratisme et l'opportunisme et constituer sur la base du bolchévisme retrouvé, un parti fort, uni, capable de résoudre les questions politiques qui se posent devant lui, et d'entraîner le prolétariat dans la lutte implacable contre l'offensive croissante du capitalisme.

Vers l'aggravation de la crise capitaliste

La crise du capitalisme français va s'aggravant.

Les prix de revient trop élevés, rétrécissant à la fois les débouchés intérieurs et les débouchés extérieurs.

L'industrialisation de la France se poursuit beaucoup moins par l'augmentation du nombre des usines, que par la *rationalisation* permettant d'abaisser les prix de revient par la diminution des salaires, par la taylorisation du travail, et par l'amélioration de l'outillage et de la technique. Cela va de pair avec une attaque à fond contre la journée légale de 8 heures qui en pratique a presque complètement disparu.

Les milliards de capitaux français rapatriés, et les 25 milliards de capitaux étrangers, américains pour la plupart, qui ont pénétré cette année dans l'économie française, ne trouvent que partiellement à s'investir, hésitent devant la crise et sont déposés en grande partie dans les banques.

La vie économique se ralentit ; les transports par voie ferrée vont diminuant, les stocks de marchandises s'accumulent, la balance commerciale, si elle reste active, accuse une diminution d'importation des matières premières et une diminution d'exportation des produits fabriqués. Le rendement des impôts indirects diminue.

Tandis que les débouchés à l'extérieur se rétrécissent, le marché intérieur s'appauvrit. Le chômage partiel grandit, le chômage total est utilisé par le grand patronat pour imposer les diminutions de salaires.

En août dernier, 13 milliards d'impôts nouveaux ont été votés pesant directement ou par incidence sur les ouvriers, les paysans et la petite bourgeoisie. Si les prix de gros ont légèrement diminué, les prix de détail résistent à la baisse. Et l'augmentation des charges fiscales, l'augmentation de 18 à 25 francs des droits d'entrée sur le blé, la levée des prohibitions de sortie pour la viande et plusieurs autres denrées, permettent de prévoir une nouvelle augmentation du prix de la vie.

La politique intérieure du grand capitalisme et de Poincaré

Pour élargir ses débouchés à l'extérieur, l'industrie française a besoin d'abaisser ses prix de revient. Cet abaissement est une question de vie ou de mort pour le capitalisme français, qui à cause de cela recourt à la *rationalisation.*

Pour mener à l'extérieur une politique impérialiste de grande envergure, le capitalisme français veut, dans ses tendances dominantes, un franc *revalorisé* qui puisse se mesurer avec la livre et le dollar.

Mais, la *rationalisation* comporte l'accroissement du chômage et la réduction des salaires.

D'autre part, la *revalorisation,* techniquement possible dès aujourd'hui, n'est économiquement possible que par une nouvelle compression des salaires, et, en outre, elle lèserait gravement la petite bourgeoisie commerçante et la petite paysannerie, qui sont en général débitrices de francs et qui, ayant emprunté des francs bon marché devraient rembourser des francs chers, des francs revalorisés.

Ainsi, *rationalisation* et *revalorisation* comportant *une aggravation formidable de l'offensive capitaliste, appelant la résistance croissante des masses.*

Mais en période électorale, cette intensification de la lutte des classes est gênante pour le capitalisme.

Aussi, le grand capitalisme réactionnaire, avec Poincaré, qui veut se faire confirmer au pouvoir par les élections de 1928, tempère *dans une certaine mesure* le développement de l'offensive capitaliste, modère l'allure de la rationalisation, cache sous la défense de la stabilité du franc ses intentions secrètes de revaloriser, prêche la nécessité de l'Union nationale en agitant le spectre d'une nouvelle inflation, et frappe les organisations révolutionnaires comme compromettant par leur activité l'œuvre de redressement financier et le rayonnement de la France à l'extérieur.

Offensive capitaliste et rationalisation vont cependant, malgré tout, en se développant.

Et la victoire électorale, une fois acquise, le grand capitalisme réactionnaire, recourant à la rationalisation accélérée et tentant la revalorisation monétaire, mettrait de plus en plus hardiment les forces de l'Etat au service de l'offensive capitaliste redoublée.

La politique extérieure du grand capitalisme français et de Poincaré

En consolidant la situation financière de l'Etat, en essayant de résoudre la crise économique sur le dos des masses travailleuses, l'impérialisme français rêve de jouer un rôle de tout premier plan dans la politique mondiale.

Il lutte pour étendre ses débouchés, il aggrave et systématise son exploitation coloniale, il est en train de négocier sa mainmise sur le Maroc espagnol, il lutte pour la prépondérance sur la Méditerranée, il exporte le trop-plein de ses capitaux aux Balkans, en Turquie, au Mexique, etc...

Il fait de son nouveau tarif douanier une arme dans les négociations avec les autres impérialismes. Il a conclu l'accord douanier franco-allemand, et, en échange des concessions douanières accordées à l'Allemagne, la métallurgie d'outre-Rhin continue à consentir *dans le Cartel de l'Acier*, à limiter ses exportations et à payer aux Français de lourdes amendes. Ainsi, l'industrie française a les mains plus libres pour rationaliser, en partie aux frais de son concurrent germanique.

L'impérialisme français cherche à se dégager de l'emprise financière des Etats-Unis et de l'Angleterre, et, s'il a commencé à rembourser les dettes par un réglement provisoire, il guette la conjoncture favorable à une révision avantageuse.

Ce que Londres et New-York prendraient en mains aux travailleurs de France, le capitalisme français pourrait se l'approprier et améliorer encore sa situation intérieure et internationale.

Pour mater la classe ouvrière à l'intérieur et pour mener à l'extérieur sa grande politique de proie, l'impérialisme français s'arme jusqu'aux dents, sur terre et sur mer, et prépare la mobilisation totale pour les conflits futurs.

Mais le trait saillant de la politique extérieure de l'impérialisme français, c'est à l'heure actuelle, sa participation active à la lutte contre l'U.R.S.S. et le rappel de Rakovsky sert de prélude à la rupture désirée des relations diplomatiques. Dans une guerre éventuelle contre l'U.R.S.S. l'impérialisme français s'apprête à jouer son rôle.

IX. — PROPOSITIONS PRATIQUES

Sur le terrain national

Pour répondre aux necessités les plus urgentes de la situation en France, il est nécessaire que le parti adopte les propositions pratiques suivantes :

1. MOTS D'ORDRE GÉNÉRAUX POUR L'ACTION IMMÉDIATE DES MASSES

Développer l'agitation parmi les masses sur les mots d'ordre généraux suivants en les précisant en face de chaque événement, de chaque situation particulière :

1. — Lutte pour raccourcir la journée de travail et résistance à la diminution de la paye hebdomadaire. Lutte pour l'augmentation des salaires dans le cas où c'est possible.

2. — Lutte contre la répression et pour l'amnistie totale en faveur de toutes les victimes du régime capitaliste.

3. — Lutte pour l'unité syndicale.

4. — Lutte contre les dangers de guerre impérialiste.

5. — Bas les mains devant l'Union soviétique ! (Maintien des relations diplomatiques).

2. CAMPAGNE ÉLECTORALE DE 1928

1° *Avant tout*, utiliser la campagne électorale pour l'agitation en faveur des mots d'ordre précédents, pour l'appel à la lutte directe des masses et pour la propagande des buts révolutionnaires du prolétariat.

2° Dans le parti, lutter contre toute déviation électoraliste et fixer clairement la tactique. Mettre à l'étude dans le parti les thèses du IIe congrès mondial sur l'utilisation des élections et du Parlement.

3° Au premier tour, un candidat dans chaque circonscription. Au second tour, s'il y a lieu, désistement seulement en faveur des candidats acceptant nos mots d'ordre d'action immédiate. Exceptions décidées sous le contrôle et la responsabilité du C. C.

4° Porter la critique, l'agitation et la propagande révolutionnaire dans toutes les réunions des autres candidats, au premier comme au second tour.

3. CONGRÈS DU PARTI

1° Convoquer le congrès du parti pour le début de 1928.

2° Publication immédiate et mise en discussion de la présente plate-forme.

3° Publication immédiate de tous les documents de l'opposition russe et internationale.

4° Discussion de l'organisation du parti sur la base des principes suivants :

a) Assurer la décision réelle aux éléments prolétariens du parti.

b) Travailler parmi les ouvriers, principalement à l'usine.

c) Lier l'activité quotidienne, dans tous les domaines, aux buts révolutionnaires finaux.

d) Assouplir l'organisation du parti et la simplifier en vue du rendement maximum.

5° Assemblées d'information et de discussion par rayon et par région, convoquées immédiatement, et inscrivant à leur ordre du jour toutes les questions fondamentales faisant l'objet de divergences.

6° Possibilité pour *tout* membre du parti de participer à la discussion dans *toutes* les assemblées d'information et de discussion. Possibilité de défendre le point de vue de l'opposition devant chaque conférence désignant des délégués pour le congrès.

Sur le terrain international

Pour répondre aux nécessités urgentes de la situation internationale, il est nécessaire d'adopter les propositions suivantes :

1° Cessation immédiate dans le P. C. de l'U.R.S.S. des emprisonnements, exclusions, brimades vis-à-vis des membres de l'opposition. On ne peut fêter le X° Anniversaire de la Révolution bolchévique en persécutant ceux qui demeurent fidèles au bolchévisme.

2° Réintégration des camarades Zinoviev, Trotsky et Vouïovitch dans le C. E. de l'I. C., leur exclusion étant antistatutaire.

3° Réintégration immédiate, par l'Internationale, des camarades Zinoviev et Trotsky, dans le C. C. russe, leur exclusion ayant été décidée sans discussion préalable devant l'ensemble du parti sur les questions politiques fondamentales en litige.

4° Réintégration immédiate, par l'Internationale, du groupe Urbahns en Allemagne, ce groupe défendant les principes bolchéviks dans toutes les questions fondamentales actuelles. Possibilité pour le groupe Urbahns de défendre son point de vue dans la presse communiste allemande et internationale.

5° Réintégration immédiate des oppositionnels exclus depuis le VII° Exécutif élargi, dans les divers partis et en particulier dans le parti russe.

6° Publication immédiate de tous les documents de l'opposition et de tous les documents de nature non secrète permettant d'éclairer la masse communiste.

7° Discussion ample vraiment contradictoire dans toute l'Internationale sur les questions fondamentales faisant l'objet de divergences.

8° Congrès mondial convoqué dans le premier trimestre de 1928, l'Internationale n'ayant pas tenu de congrès depuis 4 ans, malgré les événements d'une importance mondiale qui sont survenus (défaite de la Révolution chinoise, dangers de guerre et comité anglo-russe. Crise en U.R.S.S., dans le parti russe et dans l'Internationale).

X. — POUR L'UNITE BOLCHEVIQUE DU PARTI RUSSE ET DE L'INTERNATIONALE

En face des dangers croissants qui, à l'intérieur comme à l'extérieur, menacent l'Union soviétique et le prolétariat mondial, il est nécessaire de rassembler les forces de l'Internationale et du parti russe et de consolider l'unité bolchévique menacée par la politique du groupe Staline.

La politique antibolchévique du groupe Staline et des directions nationales qui travaillent en accord avec lui, ne peut se maintenir qu'à coup d'exclusions répétées et opérées dans la nuit.

Au lieu de continuer dans cette voie, l'Internationale doit déclarer, que sur la base du bolchévisme, appliqué dans la présente plate-forme, elle est prête à réintégrer tous les groupes exclus qui reconnaîtraient clairement et publiquement les fautes réellement commises par eux.

En France, ceci s'applique notamment au groupe Rosmer qui a totalement rompu et au groupe Engler qui est en instance d'appel devant l'Internationale.

Donner *ouvertement* aux militants honnêtement révolutionnaires, qui ont commis des erreurs, la possibilité de rejoindre le parti et l'Internationale, *en reconnaissant leurs fautes,* cela n'a rien de commun avec les tractations sans principes qu'Humbert-Droz au nom de Staline et de

Boukharine, tenta de faire secrètement auprès de Monatte, à l'insu du parti et de ses organes réguliers, lors du congrès de Lille.

Le rassemblement sur la base du bolchévisme des forces révolutionnaires doit s'opposer à la pratique des exclusions par petits paquets, qui, dispersant les forces révolutionnaires, tente de rassembler les forces opportunistes sur la base du révisionnisme staliniste.

Par sa politique, le groupe Staline prépare ouvertement la scission.

La scission staliniste n'assurerait nullement l'unité du parti russe et de l'Internationale, les divers groupes opportunistes qui maintenant bloquent contre le bolchévisme, s'opposeraient ensuite les uns aux autres dans de nouvelles luttes fractionnelles menant à de nouvelles scissions. Que deviendraient l'Etat prolétarien et le mouvement ouvrier mondial en face d'une pareille éventualité ?

L'unité bolchévique du parti russe et de l'Internationale ne peut être sauvée que dans la lutte implacable contre le révisionnisme staliniste.

En France, le groupe Crémet, qui a parfois combattu l'opportunisme de la direction D.S.M., doit comrendre qu'il est impossible de combattre l'opportunisme en France et de soutenir l'opportunisme staliniste dans l'Internationale et ayant compris cela, il doit rejoindre l'opposition.

L'ennemi, dira-t-on, exploite et exploitera les critiques de l'opposition bolchévique. N'exploitait-il pas aussi les critiques nécessaires que savait faire Lénine ? N'exploitait-il pas aussi la critique de la gauche contre Frossard du temps du congrès de Paris ?

L'ennemi n'exploitera jamais autant la critique bolchévique des fautes, que les fautes elles-mêmes.

C'est la rançon de toutes les erreurs, et c'est bien davantage encore la rançon de toute politique fondamentalement fausse, qui permet à l'ennemi d'exploiter à la fois la critique juste et la politique fausse.

Mais, ce qui en défintive sert l'ennemi, ce sont les fautes et leur continuation, et ce qui nuit à l'ennemi c'est la critique et le redressement bolchéviques des fautes.

A bref délai, avec un régime intérieur redevenant sain, et permettant à la masse communiste de résoudre les divergences fondamentales actuelles par le jeu normal des organes réguliers des partis et de l'Internationale, la défaite du stalinisme et la victoire du bolchévisme sont assurées.

A bas le revisionnisme staliniste, fourrier du scissionnisme staliniste !

Vive l'unité bolchévique du parti russe et de l'Internationale !

Vive le léninisme, instrument nécessaire de la victoire révolutionnaire du prolétariat mondial.

Paris, le 7 novembre 1927.

DECLARATION DU CAMARADE TREINT ADRESSEE AU C. E. DE L'I. C. LE 22 JUILLET 1927 SUR LA QUESTION CHINOISE

Je vote *contre* la résolution du C. E. de l'I. C. télégraphiée de Moscou à l'*Humanité* le 16 juillet 1927, et relative à la question chinoise.
Je vote *contre* pour les raisons suivantes :

1° Depuis le premier coup d'Etat de Chang-Kaï-Chek en mars 1926, la politique chinoise a été dirigée, non par les organes réguliers de l'I. C., mais par le groupe Staline-Boukharine, qui a mis sans cesse le Présidium et le secrétariat de l'I. C. en présence du fait accompli. Cette manière de procéder, qui constitue la négation même de l'internationalisme, a d'ailleurs dans le secrétariat fait l'objet des protestations de Murphy et de moi-même. Ces protestations sont restées sans résultat.

2° La politique de plus en plus fausse pratiquée en Chine par le groupe Staline-Boukharine n'a pu aboutir à l'opportunisme le plus complet et à toute une série de défaites, que grâce à l'ignorance des faits politiques les plus importants qui éclairaient la véritable situation, ignorance dans laquelle ont été tenus non seulement le parti russe, l'I. C. et ses sections nationales, mais aussi dans la plupart des cas, le Présidium de l'I. C. lui-même.

Pendant une année, le groupe Staline-Boukharine *a caché* le coup d'Etat de Chang-Kaï-Chek en mars 1926.

Le groupe Staline-Boukharine *a caché* jusqu'à aujourd'hui la série atroce des répressions sanglantes accomplies par le gouvernement national et par le Kuomintang contre les organisations ouvrières et paysannes de mars 1926 au 15 avril 1927.

Le groupe Staline-Boukharine *a caché* les lois contre les grèves édictées par le gouvernement national, avec l'assentiment du Kuomintang.

Le groupe Staline-Boukharine *a caché* les mesures de désarmement des ouvriers et des paysans prises par le gouvernement national et par le Kuomintang.

Après le coup d'Etat de Chang-Kaï-Chek du 15 avril 1927, le groupe Staline-Boukharine *a caché* les premiers contacts de Feng-Yu-Siang avec Chang-Kaï-Chek, ainsi que les mesures prises pour limiter l'activité révolutionnaire des syndicats.

Le groupe Staline-Boukharine *a caché* le fait que Tam-Pin-Sang, ministre communiste de l'Agriculture du gouvernement de Ouhan, a accepté au début de juin le commandement d'une expédition armée contre la Révolution agraire.

3° Le groupe Staline-Boukharine *a caché* tous les documents et télégrammes faisant état de ces faits, ainsi que tous les documents démontrant manifestement l'appréciation complètement fausse faite par ce groupe de la situation en Chine. C'est ainsi que le discours prononcé le 5 avril 1927 par Staline lui-même à l'Académie communiste n'a jamais été publié. Il n'a jamais été publié, parce que le coup d'Etat de Chang-Kaï-Chek, survenant 10 jours plus tard, lui apportait le démenti éclatant des faits.

4° Le groupe Staline-Boukharine a joué, en ce qui concerne la révolution agraire, un double jeu inadmissible.

Au dernier Exécutif de mai 1927, le groupe Staline-Boukharine se prononçait dans ses thèses sur la Révolution chinoise en faveur de la révolution agraire.

Mais dans la petite commission chinoise, en présence de Ercoli et de moi-même, le groupe Staline-Boukharine, non seulement envoyait en Chine des directives pour la limitation de la révolution agraire, ce qui, étant donné la situation déplorable causée par toute la fausse politique antérieure, pouvait constituer une manœuvre nécessaire pour gagner du temps avant d'engager la lutte à fond ; mais fait beaucoup plus grave, le groupe Staline-Boukharine refusait, malgré mon intervention, d'indiquer dans ses directives télégraphiques aux communistes chinois, qu'il s'agissait uniquement d'une manœuvre pour gagner du temps, et refusait également de conseiller aux communistes chinois de s'opposer à toute tentative de la part du gouvernement de Ouhan et du Kuomintang de gauche, de faire respecter ces limitations par la force, sous prétexte que toute décision prise devrait être appliquée *par tous les moyens.*

Le produit regrettable de cette politique équivoque fut l'acceptation par Tam-Pin-Sang d'une expédition contre la révolution agraire. Et le fait que le groupe Staline-Boukharine a *ensuite* reculé devant les conséquences extrêmes de sa politique, ne diminue en rien sa responsabilité pour cette politique.

Le gouvernement de Ouhan a organisé, en se basant sur les directives du groupe Staline-Boukharine, la lutte armée contre la révolution agraire. Sur place, les généraux et officiers de l'armée nationale, qui sont presque tous de grands propriétaires fonciers, ont combattu, non seulement pour *limiter*, mais pour *empêcher* la révolution agraire.

5° Pour faire avaler cette politique opportuniste, il ne suffifit pas de *cacher* les faits et les documents politiques. On ne pouvait les cacher tous. Pour expliquer ceux qu'on ne pouvait complètement cacher, il fallut violer les principes fondamentaux posés par le 2ᵉ congrès de l'I. C., et créer toute une idéologie antimarxiste et antiléniniste, tout en affirmant faussement que c'était là le léninisme authentique.

C'est ainsi que nous avons vu s'épanouir dans la *Pravda* et dans la presse communiste internationale, la théorie antimarxiste du « *Gouvernement du Bloc des Quatre Classes* », la théorie de la lutte des classes se résolvant en Chine dans des « *Commissions d'arbitrage* », la théorie aussi selon laquelle il fallait freiner la lutte des classes pour garder le plus longtemps possible la bourgeoisie dans le front national, théorie qui a amené le parti communiste chinois à se traîner à la remorque de la bourgeoisie chinoise et à lui sacrifier les forces motrices essentielles de la Révolution nationale, c'est-à-dire les ouvriers et les paysans, et cela précisément au moment où la bourgeoisie chinoise se préparait activement à trahir le front nationale.

6° Pour cacher les faits, pour briser la résistance de ceux qui savaient, pour discréditer cette résistance, il a fallu établir un régime intérieur de plus en plus intolérable dans le parti russe et dans l'Internationale.

Le *stalinisme*, c'est précisément le régime de l'étouffement bureaucratique et de la terreur administrative, pratiqué dans le parti russe et dans l'Internationale au profit d'une politique opportuniste que le parti russe et l'Internationale rejetteront dès qu'ils seront exactement informés.

7° Le dernier Plénum de l'Exécutif a été tenu dans la petite salle qui sert habituellement aux réunions du Présidium, et cela sous prétexte que dans Moscou, capitale de la Révolution mondiale et de l'Etat prolétarien, il n'y avait pas d'autre salle disponible pour les séances de l'Exécutif. En réalité, il s'agissait d'empêcher les camarades russes invités habituellement à nos assises internationales, d'assister aux débats, où ils auraient pu être informés de ce qu'on leur cachait. Les documents politiques, n'ayant aucun caractère secret, ont été remis aux délégués seulement à la veille de l'ouverture de l'Exécutif. Puis les séances de l'Exécutif et des commission se sont succédées sans interruption, ce qui n'a permis aux délégués que de lire superficiellement ces documents quand toutefois ilsont eu le temps de les lire. Il a été interdit aux délégués de prendre copie du sténogramme de leurs propres discours et d'en communiquer le texte à qui que ce soit. Sitôt l'Exécutif terminé, il a fallu remettre les documents immédiatement, sous la menace de ne pas recevoir l'autorisation de partir. On a voulu interdire aux membres de l'Exécutif de faire des déclarations de vote, et, finalement, devant quelques protestations, cette décision n'a été appliquée qu'aux membres de l'opposition.

Pour la première fois dans l'histoire de l'Internationale, aucun compte-rendu des débats n'a été publié ni dans la presse de l'U.R.S.S., ni dans la presse communiste internationale. Seules les résolutions adoptées et quelques déclarations faites au cours de la discussion ont été publiées, mais elles perdent leur véritable signification lorsqu'elles sont ainsi détachées de la discussion qui les a engendrées.

8° Le camarade Smilga, membre du C. C. russe, a été envoyé par mesure administrative pour occuper un poste en Sibérie, parce que partisan de l'opposition, et il a été ainsi mis dans l'impossibilité d'exercer le mandat qu'il détient du dernier congrès du P. C. de l'U.R.S.S. Il s'agit de préparer dans la nuit, et avec le minimum de bruit, l'exclusion des camarades Trotsky et Zinoviev du C. C. lors de la prochaine session. Et cela, en évitant tout débat contradictoire sur les questions fondamentales de la politique internationale.

Lénine avait cependant sagement recommandé de s'assurer au C. C. de la présence des camarades représentant des opinions divergentes.

9° Une politique juste et un régime intérieur normal dans le parti russe et dans l'I. C. ne nécessiterait nullement l'exclusion du C. C. des camarades Trotsky et Zinoviev, dont les erreurs, comme celles de Staline, de Boukharine ou de quiconque, pourraient être corrigées par la discussion dans les organes réguliers du parti et de l'I. C.

En tout cas, ils est inadmissible d'exclure les camarades Trotsky et Zinoviev au bénéfice de la politique opportuniste du groupe Staline-Boukharine.

10° De même que la politique du groupe Staline-Boukharine renonçait à la dernière séance du Comité anglo-russe d'avril 1927 à Berlin, à critiquer les chefs réformistes, de même le groupe Staline-Boukharine a renoncé à critiquer véritablement le gouvernement national de Canton puis de Ouhan, le Kuomintang uni, comme ensuite le Kuomintang de gauche, ainsi que leurs généraux, alors qu'ils se préparaient à passer dans le camp de l'impérialisme et de la contre-révolution.

Le prolétariat chinois a été désarmé idéologiquement par l'acceptation de la part du P. C. C. et du groupe Staline-Boukharine de ne pas critiquer le Sun-Yat-Senisme.

Le prolétariat chinois a été désarmé politiquement par le fait que le P. C. C. et le groupe Staline-Boukharine ont couvert de leur silence les actes de répression du gouvernement national et du Kuomintang contre les ouvriers et les paysans. Pour assurer ce silence, le P. C. C. a été privé des moyens nécessaires pour créer un journal quotidien.

Le prolétariat chinois a été désarmé matériellement par les généraux du Kuomintang et ce désarmement a été couvert par le silence du P. C. C. et du groupe Staline-Boukharine.

11° Pour faire voter en faveur d'une telle politique les vieux bolchéviks, qui cependant ignoraient la plupart des faits, il a fallu recourir à un régime de pression inouï et agiter à leurs yeux d'une manière abusive, l'intérêt du parti.

Mais pour formuler doctrinalement *à fond* une telle politique et pour en tirer toutes les conséquences, le groupe Staline-Boukharine, en dépit de n'importe quelle pression, n'aurait trouvé aucun vieux bolchévik.

C'est pourquoi il a fallu recourir à Martinov, l'ancien menchévik qui, en pleine Révolution s'est caché en Ukraine pendant cinq ans, de 1917 à 1922, et à Raffes, ancien procureur du gouvernement blanc de Denikine.

12° La politique opportuniste du parti chinois a été inspirée par le groupe Staline-Boukharine. Il est inadmissible de voir ce groupe reprocher aujourd'hui au parti chinois d'avoir négligé la Révolution agraire pour les opérations militaires, alors que même après le dernier Plénum de l'Exécutif ce fut précisément *en pratique* la ligne de la *Pravda* dirigée par Boukharine, de parler à peine de la révolution agraire, d'emplir les colonnes du journal de hauts faits militaires des armées gouvernementales, et de considérer les victoires des généraux de Ouhan comme des victoires révolutionnaires, alors que chaque victoire augmentait la force contre-révolutionnaire de la bourgeoisie, des propriétaires fonciers et des généraux qui s'apprêtaient à marcher ouvertement contre les communistes, les ouvriers et les paysans. Le parti chinois a parfois essayé de rectifier sa politique, comme par exemple dans son congrès de juin 1926. Les instruction du groupe Staline-Boukharine l'ont obligé de réviser ses déclarations. Aussi, il n'est pas étonnant que le parti chinois et sa direction aient parfois tiré les conséquences extrêmes des directives du groupe Staline-Boukharine et des théories de Martinov. Il n'est pas étonnant non plus que la direction du parti chinois n'ait pas, dans ces conditions, appliqué immédiatement les récentes directives du groupe StalineBoukharine, directives envoyées non pas *à temps,* mais *trop tard,* directives qui d'ailleurs sont tout à fait incohérentes et témoignent seulement du désarroi et de la panique du groupe Staline-Boukharine devant la faillite de sa politique.

Rejeter *exclusivement* sur le jeune parti chinois et sur sa jeune direction le poids de la faute qui incombe principalement au groupe Staline-Boukharine, donner l'investiture des Jeunesses communistes chinoises qui ont suivi la politique du groupe Staline-Boukharine dans toutes ses erreurs, cela signifie altérer la clarté politique, blesser la conscience communiste, et cela ne peut aboutir qu'à augmenter la confusion dans le parti chinois comme dans l'Internationale.

Cette confusion, créée par la politique du groupe Staline-Boukharine, n'a cependant pas besoin d'être augmentée. Elle a déjà amené la direction de notre parti, le 23 mars 1926 à saluer télégraphiquement Chang-Kaï-Chek, entrant à Shanghaï comme le représentant de la commune chinoise. La Commune chinoise, c'était l'insurrection ouvrière de Shanghaï. Quand Chang-Kaï-Chek entra dans la ville, c'était le Gallifet de Commune chinoise qui venait y préparer la répression sanglante. La politique du groupe Staline-Boukharine a amené la direction du parti français à se tromper au point de confondre Gallifet avec la Commune, le bourreau avec la victime. Une politique qui aboutit à un tel résultat se condamne elle-même.

13° Ce qui condamne la politique du groupe Staline-Boukharine, ce n'est pas le fait que la Révolution chinoise a été battue, mais la manière dont elle a été battue, *grâce à une telle politique.*

Personne n'a la victoire révolutionnaire dans sa poche.

En 1905, la Révolution russe a été battue, mais le parti bolchévik avait su unir les forces révolutionnaires dans la lutte et préparer ainsi la victoire d'Octobre 1917.

La Révolution russe de 1905 a été battue *malgré notre politique juste.* La Révolution chinoise en 1927 est battue, *à cause de la fausse politique suivie.*

Le parti communiste, à cause des directives du groupe Staline-Boukharine, au lieu d'unir les forces révolutionnaires les a dispersées, et dans une large mesure s'est isolé d'elles, Une politique agraire hésitante et équivoque, le freinage du mouvement ouvrier et paysan, le silence devant la répression bourgeoise ont abouti à ce résultat que le parti chinois, chassé par la bourgeoisie, aujourd'hui du gouvernement et demain du Kuomintang « de gauche » est incapable, sans une *reconnaissance publique de ses fautes inspirées par le groupe Staline-Boukharine,* de regagner la confiance perdue et de rassembler les forces révolutionnaires qui continuent à lutter en ordre dispersé. Cette reconnaissance publique des fautes commises est le premier acte sans lequel, toute solution est vouée à l'échec.

14° La politique du groupe Staline-Boukharine : sortir du gouvernement mais rester dans le Kuomintang, malgré la campagne d'exclusion faite par la direction du Kuomintang, témoigne d'une myopie bureaucratique extrêmement grave.

Il s'agit, pour demeurer dans le Kuomintang non de résister *à la campagne d'exclusions* faite par la direction du Kuomintang, mais de résister *à la campagne militaire,* menée par les généraux du Kuomintang pour anéantir par *la force des armes* les syndicats ouvriers, les ligues paysannes, les groupes communistes et aussi les organisations de base qui résisteront à la direction du Kuomintang et à ses généraux.

Et pour être en mesure de faire cela avec succès, il aurai tfallu non pas suivre les conseils du groupe Staline-Boukharine, c'est-à-dire se mettre à la remorque de la bourgeoisie, mais suivre la doctrine de Lénine, c'est-à-dire se mettre à la tête du mouvement des masses ouvrières et paysannes, former *à temps* des Soviets fonctionnant d'abord comme organes de la dictature démocratique des ouvriers et des paysans, armer les ouvriers et les paysans, diriger leurs luttes et entraîner ainsi dans le camp révolutionnaire la petite bourgeoisie hésitante.

En Chine, nous sommes loin d'être en mesure de lutter comme il le faudrait. La résolution que le groupe Staline-Boukharine vient de faire voter par le Présidium au nom de l'Exécutif en contient l'aveu. Il faut, dit la résolution, que le parti chinois crée son appareil de combat illégal. Ansi, sur le territoire de Ouhan, nous avions deux ministres communistes au gouvernement, nous n'avions pas de journal quotidien, notre parti communiste ne fut jamais reconnu légalement, ses membres et ses organisations de base furent souvent l'objet de répressions féroces. Et nous apprenons aujourd'hui par le groupe Staline-Boukharine lui-même, qui n'a jamais soufflé mot d'une telle situation, que dans de telles conditions notre parti chinois n'avait pas d'appareil illégal de combat.

15° Toutes les prévisions du groupe Staline-Boukharine sont brutalement et catégoriquement démenties par les faits.

Le groupe Staline-Boukharine avait affirmé que le gouvernement de Ouhan était le centre de la Révolution, que le Kuomintang deviendrait l'organe de la dictature révolutionnaire démocratique des ouvriers et des paysans et que nous en chasserions les minorités bourgeoises qui se rebelleraient contre le développement révolutionnaire du Kuomintang.

Or, ce sont ces minorités qui chassent les armes à la main les révolutionnaires désarmés, le gouvernement de Chine a jeté le masque et s'est affirmé ouvertement comme centre de la contre-révolution, et le Kuomintang, loin de devenir l'organe de la dictature démocratique des ouvriers et des paysans, est devenu l'organe de la dictature bourgeoise sur les ouvriers et les paysans.

Comment serait-il possible de se tromper davantage ?

16° Il est nécessaire que d'urgence, l'I. C. et ses partis soient mis en possession d'une information exacte et suffisamment complète sur les questions de la Révolution chinoise, et qu'après une discussion sérieuse et sans brimades, dans tous les partis, y compris le parti russe, un congrès mondial soit convoqué extraordinairement.

C'est la seule voie pour revenir vers une politique juste, sans oscillations qui seraient gravement préjudiciables au développement de l'I. C., de ses partis et du mouvement ouvrier et révolutionnaire.

Hors de cela, il n'y a que crise continuée et aggravée se poursuivant dans la nuit et aboutissant à une confusion grandissante. Et cela signifierait l'affaiblissement du parti russe et de l'I. C. en face des dangers qui menacent le prolétariat mondial et l'U.R.S.S.

Mais ne pas rattacher, ou rattacher tardivement l'insurrection autrichienne à la longue oppression du prolétariat viennois, au régime imposé par la S.D.N. de l'assainissement financier sur le dos des ouvriers réduits à la misère et au chômage, c'est se montrer étranger à tout esprit d'analyse marxiste.

Les journaux bourgeois et réformistes du monde entier ont dès la première heure mieux analysé les origines du mouvement. Et ils ont proposé pour sortir de la crise autrichienne des solutions opportunistes et contre-révolutionnaires : rattachement à l'Allemagne, Fédération danubienne, accords économiques dans le cadre territorial du traité de Versailles.

Faute d'une analyse politique et économique précise des origines de la crise autrichienne, la direction du parti, non seulement n'a pas dévoilé le caractère opportuniste et contre-révolutionnaire de ces solutions, mais il ne leur a opposé aucune solution révolutionnaire concrète.

LES FORCES MOTRICES DE LA RÉVOLUTION AUTRICHIENNE

La province autrichienne n'est que la grande banlieue de l'énorme agglomération ouvrière viennoise. Elle ne suffit pas à nourrir une capitale disproportionnée. Et l'industrie de Vienne, faute de débouchés, ne peut pas fournir la campagne de produits à bon marché.

Sur cette base, la politique de la grande bourgeoisie réactionnaire a consisté à opposer, sous la direction des grands propriétaires, la paysannerie autrichienne au prolétariat de Vienne. Ainsi s'est formé **un** fascisme provincial extrêmement dangereux.

La social-démocratie autrichienne, en méconnaissant pratiquement l'allié paysan du prolétariat, a facilité ce jeu de la grande bourgeoisie. Et nous retrouvons ici, dans la politique d'Otto Bauer, une des caractéristiques les plus accusées du menchévisme de gauche.

Le parti communiste autrichien, au moment où l'insurrection était victorieuse à Vienne, devait, outre les mots d'ordre lancés, faire tout pour proclamer un programme paysan opposant le petit propriétaire, le petit fermier, l'ouvrier agricole au grand propriétaire terrien.

C'était le seul moyen de briser la contre-attaque du fascisme provincial et de gagner des appuis à la campagne.

L'importance de ce problème a complètement échappé à la direction du parti français comme à la direction de l'Internationale. Aucun conseil dans ce sens n'a été donné à notre parti autrichien.

La direction de l'I. C. n'a parlé que de conseils ouvriers, n'a rien dit d'un programme agraire pouvant servir de base aux conseils paysans. Et le gouvernement ouvrier et paysan qu'elle s'est bornée à proposer d'un mot reste ainsi suspendu dans le vide politique le plus complet

Il s'agit bien là d'une erreur fondamentale dans l'appréciation des forces motrices de la Révolution autrichienne.

LE ROLE DE LA SOCIAL-DÉMOCRATIE

Dès le début de l'insurrection, l'*Humanité* écrit le 17 juillet dans son article de fond, en parlant des socialistes autrichiens :

« Quelle est leur attitude au cours des événements présents ? »

Et plus loin :

« Est-ce que la social-démocratie se mettrait une fois de plus en travers du courant ? »

La milice socialiste, encadrée par l'appareil militaire de la social-démocratie, est représentée comme « une armée rouge ».

L'*Humanité* du 20 juillet, toujours dans son article leader, écrit en parlant des chefs socialistes :

« Ils ont reculé devant les actes énergiques. Au lieu de se battre, ils ont négocié, parlementé et finalement laissé passer l'heure possible d'une victoire prolétarienne. »

Ainsi, la direction du parti français évoque la possibilité d'une Révolution faite par la social-démocratie ; elle représente la milice socialiste qui va combattre les ouvriers insurgés comme une armée rouge, elle peint les chefs socialistes comme des chefs hésitants du camp ouvrier qui ont simplement laissé passer l'heure.

Toutes ces appréciations sont absolument anticommunistes.

Les chefs et l'appareil de la social-démocratie sont la gauche de la bourgeoisie et non la droite du prolétariat. La victoire révolutionnaire n'est pas possible avec eux, mais contre eux et contre les forces militaires qu'ils tiennent sous leur influence.

Voilà ce qu'avec sa grande autorité, notre parti devait dire aux ouvriers autrichiens en lutte, afin de seconder la politique de notre parti frère d'Autriche, politique qui tendait justement à prouver aux ouvriers ces vérités fondamentales par l'expérience même de la lutte.

LE ROLE DES COMMUNISTES

L'*Humanité* dans son leader du 19 juillet, écrit :

« Certes, les communistes n'abandonnent pas les ouvriers en lutte... »

Ainsi, en face des accusations lancées contre les communistes d'avoir entraîné à l'émeute, au lieu d'affirmer, de proclamer, de légitimer le droit pour le prolétariat au cours de la lutte des classes de passer au moment propice à l'offensive révolutionnaire, au lieu de proclamer le devoir des communistes de préparer et d'organiser à travers les luttes quotidiennes, la lutte révolutionnaire décisive des masses, la direction de notre parti réduit le rôle des communistes à « ne pas abandonner les ouvriers en lutte » quand ceux-ci se livrent à des mouvements « spontanés, soudains, inattendus ».

La social-démocratie a accusé les communistes autrichiens d'avoir entraîné les ouvriers à l'incendie du Palais de Justice de Vienne. Et naturellement, ces MM. du Pacifisme entre les classes et de la guerre impérialiste jusqu'au bout, se sont voilés la face devant les rouges .s. de l'incendie.

Et la direction de notre parti n'a rien répondu. Au lendemain même de l'anniversaire du 14 juillet 1789, personne n'a songé à établir le parallèle révolutionnaire qui s'imposait, et à dire :

De même que le peuple de Paris a eu raison de prendre et de démolir la Bastille monarchique et féodale, de même les ouvriers viennois ont eu raison de mettre à feu le Palais de Justice bourgeoise, indulgente aux fascistes, atroce aux prolétaires. Et de même que les meneurs des sections parisiennes furent à la tête de l'insurrection du 14 juillet, de même les communistes autrichiens furent à la tête de l'insurrection viennoise, s'exposant au premier rang, tandis que les chefs traîtres de la social-démocratie préparaient la répression.

On aurait pu rappeler aussi les incendies de la Commune de Paris et les violences inséparables de tout mouvement révolutionnaire.

Le seul fait que la direction de notre parti n'a pas trouvé dans le passé révolutionnaire français la légitimation du présent révolutionnaire viennois, et n'a pas répondu comme il convenait aux socialistes, montre à quel point l'opportunisme a pénétré profondément à la tête de notre parti, et combien, dans les cercles dirigeants, la révolution n'est plus la réalité combattante qu'il faut préparer, mais un mot vide de sens, qu'on répète comme une formule rituelle avec une nuance de scepticisme.

LA PARTICIPATION MINISTÉRIELLE

Pour montrer à quel point la gangrène opportuniste a pénétré, il suffit de citer ce passage de l'article leader de l'*Humanité* du 18 juillet :

> Ce qui est sûr, c'est qu'une participation ministérielle serait *en ce moment* une véritable trahison.

Ainsi, en d'*autres moments*, dans la situation de l'Autriche, on pourrait, selon la direction du parti, envisager une participation ministérielle qui ne soit pas une véritable trahison.

Ici, nous retombons au niveau des Souvarine, des Monatte et des Rosmer qui, dans leur fameux projet de lettre au Labour Party, glorifiaient en 1924 le gouvernement de Mac Donald.

Peut-être nous faut-il *en d'autres moments* nous préparer à glorifier le gouvernement d'Otto Bauer ?

Voilà le langage que, par voie d'allusions, la direction du parti tient à quelques mois de la campagne législative de 1928, alors que les dangers d'opportunisme et d'électoralisme s'accentuent dans notre parti !

LA SITUATION INTERNATIONALE DE LA RÉVOLUTION AUTRICHIENNE

La social-démocratie a tenté de légitimer sa trahison du mouvement révolutionnaire viennois en évoquant la menace extérieure du fascisme italien et du fascisme hongrois.

L'*Humanité*, tout en s'élevant contre la trahison socialiste, est partie de la même analyse social-démocrate de la situation internationale de la Révolution viennoise. (Voir l'article leader du 18 juillet).

Cette analyse est complètement fausse.

Certes, les impérialismes qui entourent l'Autriche sont les ennemis nés de la Révolution, à Vienne comme ailleurs.

Mais leur alliance contre-révolutionnaire ne pouvait s'effectuer immédiatement.

Ces impérialismes sont rivaux entre eux. L'Allemagne qui veut se rattacher l'Autriche, est hostile à l'intervention italienne ou hongroise. La France, qui craint l'expansion impérialiste de l'Allemagne comme de l'Italie manifestait son inquiétude d'une intervention quelle qu'elle soit. La Hongrie ne pouvait intervenir sans s'attirer une riposte de la part de la Petite Entente.

La Révolution autrichienne pouvait jouer de ces contradictions pour se consolider avant que les impérialismes rivaux aient ajusté leurs ambitions et négocié les compromis nécessaires pour une intervention concertée.

La direction du parti, qui a su évoquer après Lille les contradictions européennes pour combattre *autre chose* que ce que le camarade Treint avait dit, a complètement oublié ces mêmes contradictions dans l'intérêt de la Révolution autrichienne.

Et cependant, l'utilisation par l'insurrection viennoise de ces contradictions, eût donné le temps de mobiliser la solidarité d'action du prolétariat international.

Dans ce domaine, rien n'a été fait. La direction du parti s'est tenue dans l'expectative :

> On comprend dans ces conjonctures que les travailleurs de l'Europe entière suivent avec tout leur cœur et toute leur passion les émouvantes péripéties de la Commune viennoise.

écrit l'*Humanité* dans son leader du 18 juillet.

> Nous nous sommes servis de textes officiels, précis et indiscutables, restant en défiance contre les nouvelles d'agences bourgeoises et désireux de conserver toute l'*impartialité* nécessaire en des circonstances dramatiques.

écrit l'*Humanité* dans son leader du 20 juillet.

Ainsi, il y a des « circonstances dramatiques » qui s'appellent la guerre civile. C'est le moment ou jamais de *prendre parti,* même sans les textes officiels de la social-démocratie, pour les ouvriers, pour le communisme, contre la bourgeoisie et contre les chefs social-démocrates. Et au moment où les partis frères doivent sans hésiter *prendre parti,* on se vante d'avoir observé « *toute l'impartialité nécessaire* ».

Au moment où le prolétariat insurgé de Vienne attend autre chose que des phrases de la part des prolétariats frères, on lui annonce « qu'on suit de tout cœur et de toute sa passion les émouvantes péripéties de la Commune viennoise ».

C'est là le langage du spectateur qui, au théâtre, regarde un drame poignant, ce n'est pas l'acte du camarade de combat qui vient à la rescousse.

Les prolétaires de Prague et de Berlin ont fait une grève de 15 minutes pour manifester leur solidarité envers la Révolution autrichienne. Le prolétariat de Paris et de beaucoup de villes industrielles de province était disposé à faire au moins autant. Mais la direction de notre parti français n'a pas bougé. Elle est restée dans l'attitude du spectateurs intéressé mais passif !

Les bourgeois et les réformistes du monde entier opposaient à la solution révolutionnaire de la crise autrichienne, les uns le rattachement à l'Allemagne, les autres la constitution d'une Fédération danubienne, d'autres enfin la conclusion de simples accords économiques.

La direction de l'I. C. a bien proposé de former des conseils ouvriers, mais ni elle ni la direction du parti français, n'ont montré la voie de l'adhésion de la République des Conseils d'Autriche à l'Union soviétique.

La possibilité de construire le socialisme dans un seul pays, ne saurait tout de même être interprétée comme le renoncement de l'Union soviétique à s'unir à de nouvelles révolutions et à les défendre contre toute agression impérialiste.

Pourquoi l'alliance révolutionnaire avec les Soviets qui était affirmée avec force en 1923 dans l'éventualité d'une Révolution allemande, est-elle complètement passée sous silence sous la direction du groupe Staline-Boukharine.

L'Autriche et la Chine

Malgré les grandes différences qui existent entre elles, l'Autriche et la Chine sont l'objet de l'exploitation non seulement du capitalisme intérieur, mais encore de l'impérialisme étranger.

Les chefs socialistes autrichiens ont ainsi raisonné ; ils ont dit : si nous ne freinons pas le mouvement ouvrier, si nous ne calmons pas la luttes des classes, nous allons rejeter la bourgeoisie nationale dans le camp de l'impérialisme étranger. Et contre la Révolution, elle appellera l'intervention étrangère. Il faut faire toutes les concessions nécessaires pour garder la bourgeoisie nationale dans le front national afin que l'existence indépendante de l'Autriche ne soit pas menacée.

C'est exactement la politique pratiquée par le groupe Staline-Boukharine en Chine.

Cette politique est fondamentalement opportuniste. Si la direction de l'I. C. dans son manifeste la condamne en Autriche, il faut la condamner aussi en Chine.

Il y a d'énormes différences entre l'Autriche et la Chine.

Dans quel sens ?

L'Autriche est un petit pays entouré de puissants impérialismes. La Chine est un immense continent presque impénétrable aux impérialismes en raison de sa profondeur.

Le prolétariat autrichien avant sa défaite, exerçait dans son pays une influence moindre que le prolétariat chinois avant la sienne sur le territoire du gouvernement national.

Au moment de la lutte, le prolétariat autrichien ne pouvait immédiatement s'appuyer sur un fort mouvement rural. Le prolétariat chinois, lui, pouvait s'appuyer sur un puissant mouvement paysan, qui avait déjà entrepris la confiscation des terres des grands propriétaires.

Les difficultés de la Révolution en Chine et en Autriche ne peuvent en aucun cas servir d'excuse, ni à la politique opportuniste de Staline en Chine, ni à la politique opportuniste d'Otto Bauer en Autriche.

Mais ces difficultés une fois admises pour excuser une fausse politique inexcusable, il faut reconnaître qu'elles étaient plus grandes pour Otto Bauer en Autriche que pour Staline en Chine.

C'est pourquoi il faut considérer la politique de Staline en Chine comme étant à droite de celle d'Otto Bauer en Autriche.

Pas de compromis avec l'opportunisme

La politique autrichienne suivie ouvertement par la direction du parti est fondamentalement fausse.

Les pires ennemis du redressement communiste sont ceux qui disent: La ligne générale est juste, il y a eu seulement des fautes de détail et l'on n'a pas écrit que des bêtises.

C'est vrai, on n'a pas écrit que des bêtises. On a dit aussi des choses justes et prononcé de belles paroles. C'est le papier rouge qui enveloppe et dissimule la mauvaise marchandise opportuniste. Si on ne disait pas un mélange confus de choses justes et de choses fausses, on montrerait le caractère opportuniste de la politique suivie en pleine lumière. Et tout le parti se révolterait immédiatement.

Mais on est obligé de ruser avec le parti, de brouiller les cartes pour l'entraîner dans la fange opportuniste.

Ce semblant d'auto-critique qui tente de faire passer pour des fautes de détail les erreurs essentielles qui ont été commises, n'est qu'un bouclier pour parer les coups de la véritable critique communiste. Ce semblant d'auto-critique constitue le pire obstacle au redressement communiste nécessaire.

Et il y a pire encore que la politique ouvertement suivie. Il y a dans le secret des sphères dirigeantes du parti, toute une atmosphère qui se crée en faveur de la dissolution du parti communiste autrichien et de sa rentrée pure et simple dans les rangs de la social-démocratie. Ces pensées liquidatrices, qui n'osent pas encore s'exprimer publiquement, sont la source idéologique profonde des erreurs opportunistes qui ont été commises.

Le péril est grave, mais la masse du parti est saine. Il faut une large et véritable discussion sur la politique suivie par la direction du parti vis-à-vis du mouvement ouvrier autrichien. C'est la seule voie du redressement communiste.

La vérité sur la Chine

L'OPPORTUNISME TACHÉ DU SANG OUVRIER

Entre la politique opportuniste du groupe Staline-Boukharine en Chine et le léninisme authentique, il y a le sang des ouvriers chinois, livrés à la répression bourgeoise, dans le silence des communistes maintenus dans l'ignorance la plus complète de la véritable situation. Avec cette politique, aucun compromis n'est possible.

Depuis le premier coup d'Etat de Chang-Kaï-Chek en mars 1926, la politique chinoise a été dirigée, non par les organes réguliers de l'I. C., mais par le groupe Staline-Boukharine qui a mis sans cesse le Présidium et le secrétariat de l'I. C. en présence du fait accompli. Cette manière de procéder, qui constitue la négation même de l'internationalisme, a d'ailleurs, dans le secrétariat, fait l'objet des protestations de Murphy et de Treint. Ces protestations sont restées sans résultat.

LES FAITS CACHÉS PAR LE GROUPE STALINE-BOUKHARINE

La politique de plus en plus fausse pratiquée par le groupe Staline-Boukharine en Chine, n'a pu aboutir à l'opportunisme le plus complet et à toute une série de défaites que grâce à l'ignorance des faits politiques les plus importants qui éclairaient la véritable situation, ignorance dans laquelle ont été tenus, non seulement le parti russe, l'I. C. et ses sections nationales, mais aussi dans la plupart des cas, le Présidium de l'I. C. lui-même.

Pendant toute une année, le groupe Staline-Boukharine *a caché* le premier coup d'Etat de Chang-Kaï-Chek, en mars 1926. Ce coup d'Etat à

Canton donna le pouvoir à la réaction. Les Min-Touan, c'est-à-dire les bandes mercenaires payées par les propriétaires fonciers, désarment les paysans. Les anciens fonctionnaires sont réintégrés. Les ouvriers sont malmenés. Ce n'est qu'une année après que la revue *l'Internationale Communiste*, dans son N° 11 en mars 1927, fait allusion à ces faits.

En juillet et en août 1926, le K.M.T. et le Gouvernement de Canton se livrent à la répression contre le mouvement ouvrier et paysan.

A Ou-Tchéou, province de Kouang-Si, des communistes sont arrêtés et fusillés, sous prétexte que l'action ouvrière désorganisait l'arrière pendant la campagne du Nord. Trois ouvriers notamment, ayant participé à la grève de Hong-Kong, sont fusillés. Ces faits ont été tenus *cachés* à la masse communiste par le groupe Staline-Boukharine.

A la même époque, le gouvernement de Canton exige que toute politique soit bannie du programme des Associations paysannes. La p. au K.M.T. accuse ces Associations d'être formées de bandits. Voir : *Les Droits de l'homme*, juillet 1926, *la Gazette républicaine*, article de fond du 17 juillet 1926, et le journal *Gokhoua*. Ces faits ont été *cachés* par le groupe Staline-Boukharine.

Le groupe Staline-Boukharine *a caché* les décrets de Chang-Kaï-Chek, en date du 6 août 1927. Ces décrets ordonnaient le désarmement des ouvriers et la comparution en Conseil de guerre de ceux qui se serviraient de leurs armes contre les mercenaires des capitalistes.

En octobre et en novembre 1926, nouvelle vague de répression. Le gouvernement de Canton favorise les syndicats jaunes dans la lutte contre les syndicats rouges et fait intervenir la troupe.

Le groupe Staline-Boukharine *a caché* le fait qu'un détachement du 26e régiment de la 3e armée a fait de nuit irruption dans les ateliers du chemin de fer, ouvrant le feu sur les ouvriers et couchant sur le carreau des morts et des blessés.

Le groupe Staline-Boukharine *a caché* qu'à Na-Tchin-Ten, la troupe tirant sur une manifestation ouvrière et paysanne fait 10 victimes.

Le groupe Staline-Boukharine *a caché* qu'à Houen, l'organisation paysanne est détruite et que son chef est pendu.

Le groupe Staline-Boukharine *a caché* que des faits analogues se produisaient sur tout le territoire du gouvernement national.

Le groupe Staline-Boukharine *n'a pas pu cacher complètement* les grèves de Canton et de Ouhan. Mais il n'a pas donné à ces mouvements leur véritable signification.

A Canton, où depuis 1917, le salaire réel a diminué de moitié, et varie entre 2 et 10 dollars chinois par mois (c'est-à-dire entre 1 et 5 dollars américains), où le repos hebdomadaire n'existe pas, où les châtiments corporels infligés par le patron sont en vigueur, le mécontentement ouvrier aboutit à la grève presque générale.

Aussitôt après l'occupation de Ouhan par l'armée nationale, les ouvriers qui ne sont ps dans une meilleure situation que ceux de Canton, se mettent en grève au nombre de 200.000. Les uns réclament la journée de 13 heures au lieu de 17, les autres, la journée de 10 h. et demie au lieu de 11.

A l'Exécutif élargi, à la fin de l'année 1926, Tam-Pin-San fait timidement allusion à ces faits en disant que dans le K.M.T. et dans le gouvernement « *le pouvoir est pratiquement aux mains de la droite* » et que « *nous avons pratiquement sacrifié les intérêts des ouvriers et des paysans.* » En l'absence d'une information précise, l'Exécutif ne change pas la politique réellement menée jusqu'alors, politique qu'il lui est impossible de placer dans la situation véritable qu'il ne connaît pas.

Le groupe Staline-Boukharine *a caché* le nouveau coup d'Etat accompli militairement par le général Li-Ti-Tsin à Canton, après le départ du gouvernement à Ouhan (décembre 1926-janvier 1927).

Les ouvriers sont désarmés par la troupe.

Li-Ti-Tsin dissout le Comité cantonais du K.M.T. où nous avions l'influence prépondérante. Il nomme un Comité de droite où les communistes acceptent de participer. Les organisations de base qui ne se soumettent pas sont détruites ou refoulées dans l'illégalité.

A Canton, le K.M.T. tombe de 50.000 à 13.000 membres.

Plus tard, la délégation de l'I. C. à laquelle ces faits *ont été jusqu'alors cachés,* accepte d'être reçue par Li-Ti-Tsin.

Le 5 janvier 1927, le gouvernement de Canton, avec l'assentiment du K.M.T. édicte une loi sur les grèves. Cette loi interdit aux ouvriers de participer armés aux manifestations. Elle interdit les piquets ouvriers, sauf pour l'Union des mécaniciens qui est une organisation fasciste. Elle institue l'arbitrage obligatoire dans les conflits du travail pour presque toutes les industries. Ce fait *a été caché* par le groupe Staline-Boukharine.

Le groupe Staline-Boukharine *a caché* le fait qu'en février 1927, à Hang-kéou, l'école militaire de Chang-Kai-Chek a dissout les organisations ouvrières et refoulé les syndicats dans l'illégalité.

La direction du K.M.T. se réorganise, les communistes ont une assez grande influence dans le B. P. Mais le groupe Staline-Boukharine *cache* le fait que le véritable pouvoir est exercé par un Comité chargé des affaires quotidiennes, Comité dans lequel l'influence des communistes est pratiquement très faible.

Le 13 mars 1927, les communistes chinois s'engagent à ne pas critiquer le K.M.T.

A la fin de mars 1927, après la prise de Chang-Hai, Chang-Kai-Chek fait une déclaration de loyauté et de discipline vis-à-vis du K.M.T. afin de masquer la préparation de son coup d'Etat. Le groupe Staline-Boukharine interprète cette déclaration comme la preuve qu'on peut continuer à collaborer pour une période avec Chang-Kai-Chek.

Le 5 avril 1927, Chen-Dou-Siou, secrétaire du parti chinois, signe un manifeste disant que c'est seulement sur des questions de détail qu'il y a des divergences entre le parti chinois et le K.M.T. La *Pravda* publie ce manifeste sans formuler la moindre réserve. Le groupe Staline-Boukharine continue à cacher que ces divergences de détail, ce sont des fusillades d'ouvriers et de paysans.

Après le coup d'Etat du 15 avril, auquel 70.000 ouvriers résistent par la grève, Staline publie le 21 avril dans la *Pravda* ses thèses sur la question chinoise par lesquelles il tente, *en passant sous silence* les faits antérieurs, de légitimer la politique suivie jusqu'alors. Le 28 avril, contrairement aux thèses de Staline, le K.M.T. de gauche dans une déclaration « *regrette de n'avoir pas agi quand il en était encore temps* » et « *en apporte le regret le plus sincère* ».

Lors du Plénum de l'Exécutif de mai 1927, divers télégrammes de *Tass* du 23 et du 24 mai *ne sont pas publiés.* Ils annonçaient les premiers contacts politiques de Feng-Yu-Sian et de Chang-Kai-Chek, ainsi que l'interdiction faite aux syndicats par le parti chinois, pour le compte du gouvernement, de procéder sur place à la répression directe des ennemis de la Révolution, comme ils avaient commencé à le faire dans plusieurs villes.

La lettre de 4 camarades, envoyée de Chine à la délégation du parti russe auprès de l'I. C., n'est *ni publiée, ni même portée à la connaissance du Présidium et de l'Exécutif de l'I. C.* Cette lettre dit qu'en Chine les ouvriers n'ont été armés que « *dans des proportions minimes* » et que les représentants de l'I. C. se sont pratiquement *opposés* à l'armament des ouvriers.

Voilà une partie de ce qui a été *caché* à la masse communiste. Et ce n'est pas tout.

STALINE CACHE SES PROPRES DISCOURS !

Le groupe Staline-Boukharine *a caché* tant qu'il a pu tous les documents faisant état de ces faits.

Il *a caché* le thèses de Zinoviev sur la question chinoise remises le 14 avril au B. P. russe, thèses qui dans l'ensemble apprécient justement la situation et formulent des prévisions exactes.

Il *a caché* la critique des thèses de Staline par Trotsky, et divers commentaires de Trotsky sur les télégrammes dissimulés à la masse communiste. Tous ces documents sont des documents officiels du dernier Exécutif. Ils contiennent des prévisions exactes. Pas plus que les autres documents politiques déjà cités, ils ne peuvent par leur publication causer nul dommage à l'Etat soviétique ou à la Révolution chinoise.

Le groupe Staline-Boukharine *a caché* tant qu'il a pu, tous les documents démontrant l'appréciation complètement fausse faite par ce groupe de la situation en Chine.

Staline a même été *jusqu'à cacher ses propres discours*. C'est ainsi que le discours prononcé par Staline lui-même à l'Académie communiste devant 3.000 militants actifs de Moscou, n'a jamais été publié. Il n'a jamais été publié, parce que le coup d'Etat de Chang-Kai-Chek, survenant 10 jours plus tard lui apportait le démenti brutal et catégorique des faits.

Mais Radek, qui avait fait à l'Académie communiste, devant une assemblée purement communiste, la contradiction à Staline, en montrant que la trahison de Chang-Kai-Chek n'était qu'une question de semaines et peut-être de jours, Radek était immédiatement révoqué de ses fonctions de recteur de l'Université Sun-Yat-Sen, pour s'être permis d'avoir raison dans ses prévisions.

LE GROUPE STALINE-BOUKHARINE FOURNIT DES ARMES POLITIQUES CONTRE LA RÉVOLUTION AGRAIRE

Le groupe Staline-Boukharine a joué en ce qui concerne la Révolution agraire un double jeu inadmissible.

Au dernier Exécutif de mai, le groupe Staline-Boukharine se prononçait dans ses thèses sur la Révolution chinoise en faveur de la Révolution agraire.

Mais dans la petite Commission chinoise, en présence de Ercoli et de Treint, le groupe Staline-Boukharine envoyait en Chine des directives pour la limitation de la Révolution agraire. Etant donné la situation déplorable causée par toute la fausse politique antérieurement suivie, cela pouvait constituer une manœuvre nécessaire pour gagner du temps afin de se préparer à engager la lutte à fond. Mais voici où est la faute extrêmement grave. Malgré l'intervention de Treint, le groupe Staline-Boukharine refusa d'indiquer, dans ses directives télégraphiques aux communistes chinois, qu'il s'agissait d'une manœuvre uniquement destinée à gagner du temps. Il refusa également d'indiquer aux communistes chinois qu'ils devaient s'opposer absolument à toute tentative de la part du gouvernement de Ouhan et du K.M.T. de gauche, de faire respecter ces limitations par la force des armes. Boukharine alla même jusqu'à dire que toute décision prise devait être appliquée *par tous les moyens.*

Le produit de cette politique plus qu'équivoque fut l'acceptation par Tam-Pin-San, ministre communiste de l'Agriculture du gouvernement de Ouhan, du commandement d'une expédition dirigée contre la Révolution agraire. Le fait que le groupe Staline-Boukharine a *ensuite* reculé devant les conséquences extrêmes, mais inévitables de sa politique, ne saurait diminuer en rien sa responsabilité pour cette politique.

En exploitant les directives du groupe Staline-Boukharine, le gouvernement de Ouhan a organisé, en se passant de Tam-Pin-San, la lutte armée contre la Révolution agraire. Sur place, généraux et officiers de l'armée nationale, qui sont presque tous de très grands propriétaires fonciers, ont, comme il était facile de le prévoir, combattu, non seulement pour *limiter*, mais pour *empêcher et pour écraser* la Révolution agraire.

LE MARXISME RÉVOQUÉ EN CHINE PAR LE GROUPE STALINE-BOUKHARINE

Pour faire avaler cette politique opportuniste, il ne suffisait pas de *cacher* les faits et les documents politiques. On ne pouvait les cacher tous. Pour expliquer ceux qu'on ne pouvait complètement cacher, il fallut violer les principes fondamentaux posés par le 2e Congrès mondial, et créer toute une idéologie antimarxiste et antiléniniste, tout en affirmant faussement que c'était là le léninisme authentique.

C'est ainsi que nous avons vu s'épanouir dans la *Pravda* et dans la presse communiste internationale la théorie antimarxiste du « *Gouvernement du Bloc des Quatre Classes* », la théorie de la lutte des classes se résolvant en Chine dans les « *Commissions d'arbitrage* », la théorie aussi selon laquelle il fallait freiner la lutte des classes pour garder le plus longtemps possible la bourgeoisie dans le front national, théorie qui a amené le parti communiste chinois à se traîner à la remorque de la bourgeoisie chinoise et à lui sacrifier les forces motrices essentielles de la Révolution nationale, c'est-à-dire les ouvriers et les paysans, et cela, précisément au momnet où la bourgeoisie nationale se préparait activement à trahir le front national.

LE STALINISME, DÉSORGANISATEUR DES FORCES DU P. C. R. ET DE L'I. C.

Pour cacher les faits, pour briser la résistance de ceux qui savaient, pour discréditer cette résistance, il a fallu recourir à un régime intérieur de plus en plus intolérable dans le parti russe comme dans l'Internationale.

Le *stalinisme*, c'est précisément le régime de l'étouffement bureaucratique et de la terreur administrative, pratiqué dans le parti russe et dans l'Internationale, au profit d'une politique opportuniste que le parti russe et de l'Internationale rejetteront dès qu'ils seront exactement informés.

Le dernier Plénum de l'Exécutif a été tenu dans la salle exiguë qui sert habituellement aux réunions du Présidium, sous prétexte que dans Moscou, capitale de la Révolution mondiale et de l'Etat prolétarien, il n'y avait pas d'autre salle disponible pour les séances de l'Exécutif. En réalité, il s'agissait d'empêcher les camarades russes invités habituellement à nos assises internationales, d'assister aux débats, où ils auraient pu être informés de ce qu'on leur cachait. Les documents politiques, n'ayant aucun caractère secret, ont été remis aux délégués, seulement la veille de l'Exécutif. Puis les séances de l'Exécutif et des Commissions se sont succédées sans interruption, ce qui n'a permis aux délégués que de lire superficiellement ces documents, quand toutefois ils ont eu le temps de les lire. Il a été interdit aux délégués de prendre copie du sténogramme de leurs propres discours et d'en communiquer le texte à qui que ce soit. Sitôt l'Exécutif terminé, il a fallu remettre les documents immédiatement, sous la menace de ne pas recevoir l'autorisation de partir. On a voulu interdire aux membres de l'Exécutif de faire des déclarations de vote, et, finalement, devant quelques protestations, cette décision n'a été appliquée qu'aux membres de l'opposition.

Pour la première fois, dans l'histoire de l'Internationale, aucun compte rendu des débats n'a été publié, ni dans la presse de l'U.R.S.S., ni dans la presse communiste internationale. Seules, les résolutions adoptées et quelques déclarations faites au cours de la discussion ont été publiées, mais elles perdent leur véritable signification lorsqu'elles sont ainsi séparées de la discussion qui les a engendrées.

Le camarade Smilga, membre du C. C. russe a été envoyé par mesure administrative pour occuper un poste en Sibérie, parce que partisan de l'opposition, et il a ainsi été mis dans l'impossibilité d'exercer le mandat qu'il détient du dernier Congrès du P. C. de l'U.R.S.S. Il s'agit de préparer dans la nuit, et avec le minimum de bruit, l'exclusion des camarades Zinoviev et Trotsky du C. C. lors de la prochaine session. Et cela, en évitant tout débat contradictoire sur les questions fondamentales de la politique internationale.

Lénine avait cependant sagement recommandé de s'assurer au C. C. de la présence des camarades représentant des opinions divergentes.

Un tel régime intérieur suscite la servilité, le découragement ou la résistance. En quelques semaines, la lettre de l'opposition au B. P. a recueilli 600 signatures, chiffre jusqu'alors inconnu dans l'histoire du parti bolchévik. Et la plupart sont des signatures de vieux membres du parti. Une fraction du centre se forme qui se développe rapidement. Le groupe Staline-Boukharine résiste, serre la vis, mobilise toutes les forces fidèles de l'appareil dans une lutte désespérée.

La crise grandit rapidement dans le parti russe et elle gagne l'Internationale, car c'est le sort de la Révolution russe, de la Révolution chinoise et de la Révolution mondiale qui se joue. Les méthodes stalinistes tendent à sévir dans tous les partis contre ceux qui veulent dire la vérité à leur parti et jeter le cri d'alarme.

Ces méthodes d'étouffement de toute discussion portant sur les questions les plus importantes et les plus vitales de l'Internationale sont absolument en contradiction avec la formation ou la conservation d'une avant-garde révolutionnaire.

Le stalinisme, pour échapper aux conséquences de sa politique n'hésite pas à pratiquer un régime qui désorganise de plus en plus les forces du parti russe et de l'I. C.

PAS DE SANCTIONS AU BÉNÉFICE DE L'OPPORTUNISME STALINISTE

Une politique juste et un régime intérieur sain dans le parti russe et dans l'I. C. ne nécessiteraient nullement l'exclusion du C. C. des camarades Trotsky et Zinoviev, dont les erreurs, comme celles de Staline, de Boukharine ou de quiconque, pourraient être corrigées par la discussion dans les organes réguliers du parti et de l'I. C.

En tout cas, il est inadmissible d'exclure les camarades Trotsky et Zinoviev au bénéfice de la politique opportuniste du groupe Staline-Boukharine.

De même que la politique du groupe Staline-Boukharine renonçait à la dernière séance du Comité anglo-russe d'avril à Berlin, à critiquer les chefs réformistes, de même le groupe Staline-Boukharine a renoncé à critiquer *à temps* le gouvernement de Canton et le Kuomintang uni, le gouvernement d'Ouhan et le Kuomintang de gauche, ainsi que les généraux, alors qu'ils se préparaient à passer dans le camp de l'impérialisme et de la contre-révolution.

Le prolétariat chinois a été désarmé idéologiquement par l'acceptation de la part du parti chinois et du groupe Staline-Boukharine de ne critiquer ni le Kuomintang, ni le Sun-Yat-Senisme, qui est avant tout le libéralisme bourgeois appliqué à la Chine.

Le prolétariat chinois a été désarmé politiquement, par le fait même que le parti chinois et le groupe Staline-Boukharine ont couvert de leur silence les actes de répression de gouvernement national et du Kuomintang contre les ouvriers et les paysans. Pour assurer ce silence, le parti chinois a été privé des moyens nécessaires pour créer un journal quotidien.

Le prolétariat chinois a été désarmé matériellement par les généraux du Kuomintang, et ce désarmement a été couvert jusqu'à ce qu'il soit trop tard par le silence du groupe Staline-Boukharine et du parti chinois.

LA VIEILLE GARDE MENCHÉVIQUE RELÈVE LA TÊTE DANS LE PARTI BOLCHÉVIQUE

Pour faire voter en faveur d'une telle politique, les vieux bolchéviks, qui cependant ignoraient la plupart des faits, il a fallu recourir à un régime de pression inouï, et agiter à leurs yeux d'une manière abusive l'intérêt du parti.

Mais pour formuler doctrinalement *à fond* une telle politique et pour en tirer *toutes* les conséquences, le groupe Staline-Boukharine, en dépit de n'importe quelle pression n'aurait trouvé aucun vieux bolchévik.

C'est pourquoi il a fallu recourir à Martinov, ancien menchévik, qui en pleine Révolution s'est caché de 1917 à 1922, pendant 5 ans, et à Raffès, ancien procureur du gouvernement blanc de Dénikine.

LE GROUPE STALINE-BOUKHARINE CHERCHE A SE DÉCHARGER SUR LE PARTI CHINOIS

La politique opportuniste du parti chinois a été inspirée par le groupe Staline-Boukharine. **Il est inadmissible de voir ce groupe reprocher** aujourd'hui au parti chinois d'avoir négligé la Révolution agraire pour les opérations militaires, alors **que même après le dernier Plénum** de l'Exécutif, ce fut précisément *en pratique* la ligne de la *Pravda* dirigée par Boukharine, de parler à peine de la Révolution agraire, d'emplir les colonnes du journal des hauts faits des armées gouvernementales, et de considérer les victoires des généraux de Ouhan comme des victoires révolutionnaires, alors que chaque victoire augmentait la force contre-révolutionnaire de la bourgeoisie, des propriétaires fonciers et des généraux qui s'apprêtaient à marcher ouvertement contre les communistes, les ouvriers et les paysans.

Le parti chinois a parfois essayé de rectifier sa politique, comme par exemple dans son Congrès de juin 1926. Les instructions du groupe Staline-Boukharine l'ont obligé à réviser ses décisions. Aussi, il n'est pas étonnant que le parti chinois et sa direction aient parfois poussé à l'extrême les conséquences des directives du groupe Staline-Boukharine et des théories de Martinov.

Il n'est pas étonnant non plus que la direction du parti chinois n'ait pas dans ces conditions appliqué immédiatement les directives données après le coup d'Etat de juillet, directives envoyées non pas *à temps*, mais *trop tard*, directives qui d'ailleurs sont tout à fait incohérentes et témoignent seulement du désarroi et de la panique du groupe Staline-Boukharine devant la faillite de sa politique.

Rejeter *exclusivement* sur le jeune parti chinois et sur sa jeune direction le poids de fautes qui incombent *principalement* au groupe Staline-Boukharine, donner l'investiture à la direction des Jeunesses communistes chinoises, qui a suivi la politique du groupe Staline-Boukharine dans toutes ses erreurs, cela signifie altérer la clarté politique, blesser la conscience communiste, et cela ne peut aboutir qu'à augmenter la confusion dans le parti chinois comme dans toute l'Internationale.

LE COMBLE DE LA CONFUSION

Cette confusion créée par la politique du groupe Staline-Boukharine n'a cependant pas besoin d'être augmentée. Elle a déjà amené la direction de notre parti français, le 25 mars 1927 à saluer télégraphiquement Chang-Kaï-Chek, entrant à Changhaï, comme le représentant de la Commune chinoise. La Commune chinoise, c'était l'insurrection ouvrière de Changhaï. Quand Chang-Kaï-Chek entra dans la ville, c'était le Galliffet de la Commune chinoise qui venait y préparer la répression sanglante. La politique du groupe Staline-Boukharine a amené la direction du parti français à se tromper au point de confondre Galliffet avec la Commune, le bourreau avec la victime. Une politique qui aboutit à un tel résultat se condamne elle-même.

AVANT TOUT, RECONNAITRE PUBLIQUEMENT LES FAUTES !

Ce qui condamne la politique du groupe Staline-Boukharine, ce n'est pas le fait que la Révolution chinoise a été battue, mais la manière dont elle a été battue, *grâce à une telle politique.*

Personne n'a la victoire révolutionnaire dans sa poche.

En 1905, la Révolution russe a été battue, mais le parti bolchévik avait su unir les forces révolutionnaires et les entraîner dans la lutte, préparant ainsi la victoire d'Octobre 1917.

La Révolution russe de 1905 a été battue *malgré notre politique juste.* La Révolution chinoise de 1927 est battue *à cause de la fausse politique suivie.*

Le parti communiste chinois, parce qu'il a suivi les directives du groupe Staline-Boukharine, au lieu d'unir les forces révolutionnaires, les a dispersées, et, dans une large mesure, il s'est isolé d'elles. Une politique agraire hésitante et équivoque, le freinage du mouvement ouvrier et paysan, le silence devant la répression bourgeoise, ont abouti à ce résultat, que le parti chinois, chassé par la bourgeoisie, hier du gouvernement, et demain du Kuomintang « de gauche », est incapable, *sans une reconnaissance publique des fautes inspirées par le groupe Staline-Boukharine,* de regagner la confiance perdue et de rassembler les forces révolutionnaires qui continuent cependant à lutter en ordre dispersé. Cette reconnaissance publique des fautes commises est le premier acte, sans lequel toute solution est vouée à l'échec.

POLITIQUE D'AFFOLEMENT ET D'INCOHÉRENCE

La politique du groupe Staline-Boukharine, après le coup d'Etat de juillet : sortir du gouvernement, mais rester dans le Kuomintang *malgré la campagne d'exclusions,* puis, le 26 juillet propager l'idée des Soviets qui était encore prématurée, parait-il le 25 au soir, tout cela témoigne non seulement d'une myopie bureaucratique extrêmement grave, mais encore de l'affolement le plus complet.

Il s'agit, pour demeurer dans le Kuomintang, non de résister *à une campagne d'exclusions,* faite par la direction du Kuomintang, mais de résister *à la campagne militaire,* menée par les généraux du Kuomintang pour anéantir *par la force des armes,* les syndicats ouvriers, les Ligues paysannes, les groupes communistes, ainsi que les propres organisations de base du Kuomintang qui résisteraient à la direction et à ses généraux.

Et pour être en mesure de faire cela avec succès, il aurait fallu, non pas suivre les conseils du groupe Staline-Boukharine, c'est-à-dire se mettre à la remorque de la bourgeoisie, mais suivre la doctrine de Lénine, c'est-à-dire se mettre résolument à la tête du mouvement des masses ouvrières et paysannes, former *à temps* des Soviets fonctionnant d'abord comme organes de la dictature démocratique des ouvriers et des paysans, armant les masses, dirigeant leur lutte et entraînant ainsi dans le camp révolutionnaire la petite-bourgeoisie hésitante.

En Chine, nous sommes loin d'être en mesure de lutter comme il le faudrait. La résolution que le groupe Staline-Boukharine a fait voter par le Présidium au nom de l'Exécutif, en contient l'aveu. Il faut, dit la résolution, que le parti chinois crée son appareil illégal de combat ! Ainsi, sur le territoire de Ouhan, nous avions deux ministres au gouvernement, nous n'avions pas de journal quotidien, notre parti communiste ne fut jamais reconnu légalement, ses membres et ses organisations de base furent souvent l'objet de répressions féroces. Et, nous apprenons aujourd'hui par le groupe Staline-Boukharine lui-même, qui n'a jamais soufflé mot d'une telle situation, que dans de telles conditions notre parti chinois n'avait pas d'appareil illégal de combat !

Et que dire de la plus récente trouvaille du groupe Staline-Boukharine. Il s'est refusé à lancer le mot d'ordre de former les Soviets en plein essor du mouvement révolutionnaire des masses, quand les syndicats prenaient sur eux d'arrêter les ennemis de la Révolution, quand les paysans commençaient par millions à confisquer les terres des grands propriétaires. Le mouvement des masses a été freiné selon la politique Staline-Boukharine. Il a été réprimé par la bourgeoisie dans le silence complet du groupe Staline-Boukharine. Et maintenant que tout cela a abouti à la défaite honteuse, maintenant que les ouvriers sont découragés, qu'ils se laissent désarmer, que les généraux font occuper les locaux des syndicats, maintenant que *la Révolution agraire est provisoirement écrasée sur bien des points, le groupe Staline-Boukharine n'hésite pas à lancer à contre-temps l'idée des Soviets, et à la faire propager en pleine dépression du mouvement des masses par un parti qui restera sans autorité sur les masses tant qu'il n'aura pas reconnu ses erreurs. Il n'y a pas de meilleur moyen de contribuer à discréditer l'idée des Soviets aux yeux des masses chinoises.*

C'est parce que l'idée des Soviets en Chine devient de plus en plus populaire dans les masses russes, que pour des raisons de politique de fraction, le groupe Staline-Boukharine lance maintenant l'idée des Soviets en Chine, au mépris des intérêts véritables du mouvement révolutionnaire chinois, et à seule fin de ne pas laisser à l'opposition le monopole de l'idée des Soviets en Chine.

Mais il y a une différence essentielle entre former les Soviets à temps et en agiter l'idée à contre-temps.

LES PRÉVISIONS DU GROUPE STALINE-BOUKHARINE SE SONT EFFONDRÉES

Toutes les prévisions du groupe Staline-Boukharine sont brutalement et catégoriquement démenties par les faits.

Le groupe Staline-Boukharine avait affirmé que le gouvernement de Ouhan était le centre de la Révolution, que le Kuomintang de gauche deviendrait l'organe de la dictature démocratique des ouvriers et des paysans, et que nous en chasserions les minorités bourgeoises qui se rebelleraient contre le développement révolutionnaire.

Or, ce sont ces minorités bourgeoises qui chassent les armes à la main les révolutionnaires désarmés, le gouvernement de Ouhan a jeté le masque et s'est affirmé ouvertement comme le centre de la contre-révolution et le Kuomintang de gauche, loin de devenir l'organe de la dictature démocratique des ouvriers et des paysans, s'est révélé plus ouvertement que par le passé comme l'organe de la dictature bourgeoise sur les ouvriers et les paysans.

Comment serait-il possible de se tromper davantage ?

INFORMATION D'ABORD ! PUIS, DISCUSSION ET CONGRÈS MONDIAL EXTRAORDINAIRE

Il est nécessaire que d'urgence, l'I. C. et ses partis soient mis en possession d'une information exacte et suffisamment complète sur les questions de la Révolution chinoise, et qu'après une discussion sérieuse et sans brimade, dans tous les partis, y compris le parti russe, un Congrès mondial soit convoqué extraordinairement.

C'est la seule voie pour revenir vers une politique juste, sans oscillations exagérées allant de l'opportunisme au gauchisme et vice-versa, oscillations qui seraient gravement préjudiciables au développement de l'I. C., de ses partis et du mouvement révolutionnaire.

Hors de cette voie, il n'y a que crise continuée et aggravée, se poursuivant dans la nuit et aboutissant à une confusion grandissante. Et cela signifierait l'affaiblissement du parti russe et de l'I. C. en face des dangers qui menacent le prolétariat mondial et l'U.R.S.S.

Dans la situation extrêmement grave créée par la politique du groupe Staline-Boukharine, la discussion et le Congrès mondial extraordinaire, constituent la seule voie de l'affermissement de la discipline et de l'élimination du fractionnisme de majorité comme du fractionnisme de minorité, la seule voie de la solution de la crise de l'I. C. *sur la base du léninisme.*

LE DANGER ACTUEL, C'EST LE STALINISME !

L'opposition russe a corrigé ses anciennes erreurs sur la question chinoise. Elle est venue au dernier Exécutif avec des thèses qui doivent être soumises à la critique, certes, mais qui dans leur ensemble sont conformes au léninisme authentique, et les prévisions qu'elles formulaient ont été vérifiées par le développement des événements.

Cela ne veut nullement dire qu'il faille s'abandonner les yeux fermés à tout ce que dit l'opposition russe, pas plus qu'il ne faut s'abandonner les yeux fermés à tout ce que dit le groupe Staline-Boukharine.

Chaque communiste digne de ce nom ne doit s'inféoder à aucun groupe, à aucune personnalité, garder vis-à-vis de tous son indépendance de jugement, son esprit de saine critique communiste et son franc-parler, étudier les problèmes, ne tolérer aucun système qui mutile son information ou qui tente d'exercer sur ses décisions une pression autre que celle de l'intérêt véritable du prolétariat et de la Révolution. Chaque communiste doit couronner son travail quotidien et l'orienter en apportant par son effort personnel, sa propre pierre à l'élaboration de la politique de son parti et de l'Internationale.

Alors, la discipline pourra redevenir à la fois une discipline de fer et une discipline intelligente, et elle liera vraiment tous les communistes qui l'accepteront avec joie.

Une politique juste et un bon régime intérieur de l'I. C. et de ses partis, sont choses inséparables. Toute politique fausse amène dans nos propres rangs des réactions justes ou non, et détermine, si l'on y persévère des troubles intérieurs de plus en plus graves. Tout régime intérieur mauvais est un obstacle à l'élaboration et à l'application intelligente par tous les partis et par l'I. C. d'une politique juste.

L'Internationale a combattu le trotskisme d'autrefois. Elle le combattrait encore, s'il tentait de ressusciter. Mais ce n'est pas là le danger actuel. Et même, le fait que le camarade Trotsky s'est placé dans la question chinoise sur une position léniniste dans son ensemble, permet d'espérer que le danger trotskiste ne renaîtra pas.

Le danger actuel, c'est le stalinisme. C'est-à-dire le système d'étouffement bureaucratique et de terreur administrative dans le parti russe et dans l'Internationale, système destiné à empêcher ou à briser mécaniquement toute protestation contre la politique opportuniste d'aujourd'hui, ainsi qu'à masquer la faillite grandissante et irrémédiable de cette politique.

Contre ce danger, il faut dès maintenant combattre sans merci.

A bas le stalinisme, vive le léninisme !

Vive le parti russe et la Révolution russe, base de la Révolution mondiale !

Vive l'Internationale communiste, qui restera communiste !

Albert TREINT.

Réponse du Parti

REPONSE A TRÉINT SUR LA NATURE DE L'EXECUTIF

En dehors de la réponse générale au camarade Treint adressée d'autre part, les camarades délégués au VIIIᵉ Exécutif démentent formellement les allégations de Treint concernant la tenue de cet Exécutif.

Cette assemblée, qui n'était pas un Exécutif élargi, s'est réunie au moment où la situation était particulièrement tendue entre l'Angleterre et l'U.R.S.S. Ses travaux avaient pour objectif d'examiner cette situation en même temps que d'en tirer les conclusions par rapport aux tâches de l'I. C. Lorsqu'il s'agit de questions où notre activité dans les colonies et dans l'armée joue un grand rôle, lorsque les campagnes antisoviétiques s'appuient sur l'aide apportée par l'U.R.S.S. à la Révolution chinoise et sur la liaison de l'U.R.S.S. et de l'I. C. tout communiste de bon sens comprend la mesure prise à l'Exécutif en ce qui concerne la publicité des débats et la répartition des documents. Treint fait ici une mauvaise spéculation, car la publication des déclarations qu'il fit au VIIIᵉ Exécutif n'aurait eu pour lui d'autre résultat que d'établir avec encore plus de clarté que l'opposition n'a pas fait un pas vers lui, que c'est lui qui l'a rejoint et qu'à cet Exécutif, il s'est bien gardé de porter les accusations fausses qu'il répand aujourd'hui, tentant ainsi de masquer son évolution.

D'ailleurs, il est de coutume dans l'I. C. que pour les Exécutifs restreints, on ne publie les discours des orateurs que sur décision de l'assemblée, et qu'en règle générale, on ne les publie pas.

Si l'Eécutif a pris des mesures concernant les déclarations de vote, c'est que les membres de l'opposition, imités en cela par Treint à la conférence nationale du parti, utilisaient ce moyen pour ouvrir à nouveau des discussions closes et entravaient ainsi la marche normale des travaux de l'Exécutif. Ceux qui dans l'Internationale ne représentent qu'une fraction chaque jour plus réduite ne peuvent prétendre accaparer comme ils l'entendent le temps des assemblées de l'I. C.

SEMARD, BERNARD, DORIOT.

REPONSE A LA DECLARATION DE TREINT DU 22 JUILLET 1927

I. — Remarque préliminaire

Dans la déclaration adressée par le camarade Treint au C. E. de l'I. C. en réponse à la dernière résolution de l'I. C. sur la question chinoise, le camarade Treint tient à se désolidariser de toute la politique de l'I. C. en Chine.

Pourtant, jusqu'à ces tout derniers temps, Treint affirmait que cette politique qu'il qualifie maintenant d'antimarxiste, était parfaitement conforme à la doctrine de l'I. C., ainsi qu'aux intérêts bien compris de la Révolution nationale et de la Révolution mondiale. Il a voté avec la majorité du parti toutes les résolutions et les thèses de l'I. C. sur la question chinoise. Au dernier Exécutif, il manifesta quelques réserves, mais se solidarisa avec la majorité contre le point de vue de l'opposition. A la conférence nationale de St-Denis, il renouvela son accord avec la majorité de l'I. C., malgré « quelques petites divergences ». Il déclarait néanmoins que l'opposition avait tort et que sa « méthode lui permettait de la battre mieux encore que celle de la majorité ».

Aujourd'hui, Treint s'aperçoit subitement que ce qu'il adorait hier doit être brûlé. Mais, au lieu de reconnaître qu'hier il était un fervent soutien de la politique qu'il attaque aujourd'hui, il injurie la majorité, il accuse et menace. De tels procédés tentent de masquer une évolution trop rapide pour être explicable et expliquée normalement. A travers des injures à la direction de l'I. C., Treint espère qu'on oubliera qu'il y a quelques semaines encore il soutenait la majorité de ses votes, de sa propagande, de son activité férocement antitrotskiste. Mais pour expliquer ce changement de position, Treint affirme que beaucoup de documents et de faits politiques lui ont été cachés. Sa lettre est une série d'affirmations de ce genre.

Si les faits cités par Treint étaient exacts, on ne s'expliquerait pas pourquoi Treint qui destinait sa déclaration à la direction de l'I. C. n'a pas osé la communiquer à la direction de son parti. Nous ne savons par quels moyens Treint a remis sa déclaration au C. E. de l'I. C. Nous ne savons même pas si elle lui a été remise. Ce que nous savons, c'est que Treint, au moment même où il marquait sa défiance vis-à-vis de la direction du parti, ne craignait pas de jeter le trouble dans les rangs du parti en distribuant ce document avec des commentaires oraux plus violents encore que le contenu de la lettre à certains militants des syndicats et à certains membres du parti. Treint croyait qu'à parler seul il aurait raison.

Treint ne voulait pas avoir un débat contradictoire avec la direction de son parti parce qu'il savait pertinemment que les soi-disant révélations qu'il faisait n'étaient que le produit de son imagination fertile.

II. — L'I. C. et Chang-Kai-Chek

Passons maintenant aux accusations de Treint. Treint accuse « le groupe Staline-Boukharine d'avoir caché le coup d'Etat de Chang-Kaï-Chek en mars 1926 ». Or, il suffifit de lire la presse de l'époque, *Humanité* y compris, pour s'apercevoir que nul communiste n'était censé ignorer ce coup d'Etat. C'est même à la suite de cet événement que l'opposition fit ses premières propositions concernant la sortie des communistes du Kuomintang, que le C. C. du P. C. français a repoussées quelques mois après comme étant fausses. Signalons que cette tactique correspondait à l'époque non seulement aux désirs de l'extrême-droite du Kuomintang, mais même à ceux de Sa Majesté Tchang-Tso-Lin.

Mieux, lors du VIIe Exécutif élargi, à la base de l'analyse de la situation chinoise, se trouvait d'une part le nouveau rôle joué par le prolétariat comme force principale du mouvement national révolutionnaire après les grèves du 30 mai à Shanghaï, et celles de Canton, Hong-Kong, d'autre part le rôle révolutionnaire déclinant de la bourgeoisie nationale qui avait marqué ses tendances antiouvrières et antipaysannes au cours de tous ces événements, surtout au moment du coup d'Etat de Chang-Kaï-Chek. On a parlé de ce coup d'Etat très ouvertement, non seulement dans les commissions chinoises, mais au Plénum. Tam-Ping-San parla de ce coup d'Etat pour montrer ce qu'était la bourgeoisie nationale. Tchao-Li-Dzé, secrétaire de Chang-Kaï-Chek, représentant du Kuomintang, manifesta devant le Plénum son repentir de l'acte de Chang-Kaï-Chek et déclara que le coup d'Etat du 20 mars était une erreur. Naturellement le Plénum ne pouvait pas faire fond sur une telle déclaration. Et la thèse qui fut adoptée contient la théorie du passage de la Révolution du stade comprenant un bloc de quatre classes (bourgeoisie, petite-bourgeoisie, paysannerie, prolétariat) au stade d'un bloc de trois classes (petite-bourgeoisie, paysannerie, prolétariat). La période de lutte, disait-elle en substance, entre la bourgeoisie et le prolétariat pour l'hégémonie sur la petite-bourgeoisie est ouverte. Le P. C. doit donner plus d'organisation, plus de force à la classe ouvrière. Il doit devenir lui-même plus indépendant dans le Kuomintang. Son travail consiste essentiellement dans cette période à critiquer sans ménagements les actes des autres ailes du Kuomitang afin de devenir le groupe le plus influent du Kuomintang. C'est ainsi que l'Exécutif avait posé et solutionné la question en décembre. Etait-ce juste ? Les événements ont-ils démontré qu'il avait raison ? La scission de Chang-Kaï-Chek et de la droite du Kuomintang était-elle prévue par l'Exécutif ? Tout communiste impartial est obligé de répondre affirmativement.

Il est donc inconvenant d'affirmer comme le fait Treint que le « groupe Staline-Boukharine a caché le coup d'Etat de Chang-Kaï-Chek à l'I. C. » Comme délégué français dans la commission chinoise, le camarade Doriot a pour sa part, rapporté en détails ces faits à la délégation française de l'Exécutif.

III. — L'I. C. et Feng-Hiu-Siang

Selon Treint, le groupe Staline-Boukharine aurait caché le premier contact de Feng-Hiu-Siang et de Chang-Kaï-Chek après le coup d'Etat du 15 avril. Pour être exact, il faut dire que ces premiers contacts n'ont eu lieu en réalité que le 15 mai. A cette date, un général chinois, observateur officieux de Feng-Hiu-Siang, vint à Shanghaï pour entrer en pourparlers avec Chang-Kaï-Chek. Quelques jours après, Feng-Hiu-Siang lançait encore un manifeste très virulent contre Chang-Kaï-Chek. Aujourd'hui, avec le recul, on peut expliquer que le manifeste de Feng-Hiu-Siang visait en réalité à faire pression sur Chang-Kaï-Chek. Il est vrai qu'au même instant Feng-Hiu-Siang priait le gouvernement national d'Hankéou dêtre moins brutal contre Chang-Kaï-Chek dans un télégramme strictement confidentiel. Il y avait donc entre l'activité publique de Feng-Hiu-Siang et son activité clandestine vis-à-vis des gouvernements de Nankin et d'Hankéou une différence notoire. Sa tactique était de duper le plus longtemps possible l'I. C. par des manifestes violents contre Chang-Kaï-Chek, et les masses ouvrières par la publication d'un manifeste sur les augmentations de salaires, les huit heures, le travail des femmes et des enfants, l'inspection du travail. Dans la *Vie Ouvrière*, Racamond dit de ce manifeste : « Un véritable programme d'organisation syndicale, rédigé avec une habileté consommée. C'était l'époque où le général chrétien préparait sa volteface. Il s'apprêtait à rejoindre Chang-Kaï-Chek. »

Lorsque le camarade Doriot arriva à Moscou le 1er juin, au cours d'une longue conversation qu'il eut avec Staline, Boukharine et Molotov, Staline lui demanda : « Que fait Feng-Hiu-Siang ? » Doriot lui raconta dans le détail ce qui est mentionné plus haut. A cette époque, les informations précises sur l'activité complète de Feng n'étaient pas parvenues à Moscou. Des bruits vagues sur ces compromissions circulaient, et les seuls actes officiels qui étaient connus étaient ceux ayant trait à l'hostilité de Feng contre Chang-Kaï-Chek et à son orientation favorable aux masses ouvrières et paysannes. Lorsque Doriot eut apporté les renseignements complémentaires montrant l'autre face des choses, il y eut unanimité pour convenir que la trahison de Feng-Hiu-Siang n'était plus qu'une question de temps. Dès le lendemain, c'est à la demande du camarade Boukharine que, dans son rapport au Présidium, le camarade Doriot signala l'activité double de Feng et donna leur avis commun sur ce personnage.

La résolution de l'Exécutif signale également que de nouvelles trahisons de généraux sont encore inévitables. Au cours du séjour de la délégation à Moscou, la *Pravda* publia des télégrammes confirmant ces appréhensions. Le camarade Treint qui, en tant que délégué du P. C. français, connaît tous ces faits dans le détail, est donc mal venu d'accuser le « groupe Staline-Boukharine » d'avoir caché quelque chose à quelqu'un. Son accusation est sans fondement.

Treint oserait-il même affirmer que l'I. C. ait jamais eu des illusions sur Feng-Hiu-Siang et les autres militaristes chinois. Un document tombé dans le domaine public à la suite du coup de Tchang-Tso-Lin sur l'Ambassade de Pékin, publié par la *Revue du Pacifique,* montre quel était le sentiment de nos camarades russes sur Feng au moment même où celui-ci nous offrait sa collaboration ainsi que les directives données aux camarades chargés de travailler en 1926 avec Feng :

Il est essentiel, pour l'accomplissement de nôtre tâche, de savoir exactement quel genre d'homme est Feng-Hiu-Siang. En tant que facteur politique favorable à nos intérêts, on peut juger Feng de deux façons :

1° Comme partisan et champion convaincu du mouvement national de libération dirigé contre l'impérialisme, que le cours des événements a mêlé à ce mouvement, ou

2° comme un vulgaire militaire que les circonstances et la position géographique ont contraint d'agir momentanément en faveur de l'Union des Républiques Socialistes Soviétiques, comme étant le pays intéressé à l'affaiblissement des impérialistes, et plus particulièrement du Japon.

Dans le premier cas, nous pouvons renforcer les groupes de Feng sans avoir à craindre de malentendus ni de conséquences défavorables, parce que dans ce cas il agira pour le plus grand bien des Chinois et du mouvement révolutionnaire international, et fera de la Chine une alliée de l'Union des Républiques Socialistes Soviétiques.

Dans le second cas, il conviendra d'agir autrement : d'une part, il faudra renforcer suffisamment l'armée de Feng pour lui permettre de mener à bien la tâche que nous lui imposerons ; d'autre part, il faudra lui enlever toute possibilité d'agir contrairement à nos intérêts.

Il n'y a pas de faits permettant de classer Feng dans la première catégorie. Il y en a plusieurs au contraire qui doivent nous engager de le classer dans la seconde, notamment :

1° la constance de son attitude politique dans le passé ;

2° son vague penchant pour le Kuomintang ;

3° certains symptômes de tendances impérialistes tels que :

a) la nature de l'agitation qui se manifeste dans ses armées. Sur sa carte de « l'humiliation nationale », certaines régions, telles que les provinces transbaïkales et de l'Amour et de Vladivostok sont marquées parmi les territoires qui doivent absolument faire retour à la Chine, alors qu'il n'a aucune illusion au fait que le Japon possède la Mandchourie, et que dans la Chine centrale les Américains dominent sous le rapport économique.

b) Son refus de reconnaître l'indépendance de la Mongolie extérieure.

Il est nécessaire qu'il y ait au sein des masses un mouvement bien défini fondé sur certains prémisses économiques et politiques. De plus, par masse, il faut entendre les groupements bien définis de classe, et non pas une foule de gens ne rentrant dans aucune catégorie, et qui, du point de vue matériel, dépendent entièrement de celui qui les emploie : le général. L'expérience acquise au cours du travail secret accompli dans l'armée du tsar, démontre que ce travail peut réussir seulement lorsque le mouvement révolutionnaire de la masse des soldats a ses racines dans un mouvement révolutionnaire au sein de la classe à laquelle appartient le gros de cette masse. Or, dans les provinces occupées par Feng, il n'y a pas de prolétariat. La population agricole n'est pas dense. Il y a des terres disponibles pour la colonisation et la charge des impôts est moins lourde que dans les autres provinces. Dans ces conditions, le travail secret doit s'effectuer pour l'armée elle-même, et non pour l'armée en tant que reflétant les dispositions révolutionnaires des paysans, ou comme conducteur de l'influence révolutionnaire sur les paysans.

Entre autres mesures, on conseille l'équipement de l'armée de Feng à l'aide de nos armes, ce qui la fera dépendre de nos fournitures. L'organisation de la livraison des armes et des munitions de telle façon qu'on puisse l'arrêter à n'importe quel moment.

c) Limiter le plan d'instruction de l'armée de Feng en n'instruisant que les officiers subalternes et les simples soldats, de manière à former une armée capable d'exécuter les ordres qui lui seront donnés suivant nos avis, et en laissant le commandement supérieur dans un état de préparation tel que sans notre aide l'armée ne saurait être dirigée avec habileté.

d) En compromettant Feng de telle façon que les forces qui nous sont hostiles ne puissent s'entendre avec lui.

Le commentaire bourgeois ajoute : « Cette lettre montre avec quels soins Moscou étudie les hommes politiques chinois, et quelle documentation elle possède sur eux. » La bourgeoisie comprend très bien que toute notre tactique consistait à utiliser pendant un temps certaines forces militaristes sans fonder d'autre espoir sur elles que de les empêcher d'être toujours contre nous. Que montre cette lettre pour les communistes ? Qu'il n'y a jamais eu d'illusions sur les militaristes de gauche qui momentanément passaient de notre côté, et que pour éviter ou limiter les conséquences de leur trahison attendue, l'I. C., le P. C. de l'U.R.S.S., ordonnaient aux communistes chinois et à ceux qui travaillaient dans ces armées, un travail systématique dans l'armée elle-même et en dehors de l'armée, l'armement de nouvelles forces pour battre les traîtres. Nous expliquerons plus loin qui porte la responsabilité du désarmement matériel et moral des prolétaires chinois et de l'échec passager de ce plan, le seul qu'on pouvait appliquer en Chine. Dans de telles conditions, accuser le groupe Staline-Boukharine tions de l'I. C. on peut trouver la même note que celle qui est d'avoir caché quelque chose à ce sujet, alors que dans des résolu- donnée dans la lettre en question, c'est faire des affirmations contraires à la vérité.

IV. — L'I. C. et les massacres

Treint accuse encore le groupe Staline-Boukharine « d'avoir caché jusqu'aujourd'hui une série de mesures prises contre la classe ouvrière et contre le mouvement paysan ». Une telle affirmation ne vaudrait que si elle citait une série de faits concrets. Or, Treint ne cite aucun fait qui aurait été caché par nos camarades. Il suffit de consulter notre presse internationale et particulièrement la presse russe pour s'apercevoir que les détails de la lutte de la droite du Kuomintang contre les organisations ouvrières et paysannes y sont pleinement relatés.

Dans une revue à laquelle Treint collabore, l'*Internationale Communiste*, on peut lire sous la plume de Mif, en novembre dernier :

> En mai 1925, les détachements des grands propriétaires fonciers brûlèrent 10 maisons dans le village de Toulch-Né, tuèrent trois membres de l'Union paysanne, en blessèrent 13 et arrêtèrent 14 personnes. Reduits au désespoir, les paysans à leur tour incendièrent plusieurs maisons de grands propriétaires fonciers. L'année dernière, dans le district de Si-Nian (Hounan) Tchan-Ou-Tchen, chef du canton de Tsiou-Yu-Tchen et membre du Kuomintang, qui soutenait les organisations paysannes fut torturé et tué, et toute sa famille massacrée.
>
> Malgré la décision du C. C. du Kuomintang, dont il était lui-même membre, L.-Tsin-Lin, commandant du corps d'armée établi à Canton, refusa de venir en aide aux organisations paysannes en donnant également pour prétexte qu'il ne savait qui avait raison dans l'affaire.
>
> Mais à ce moment, il se produisit un revirement dans l'opinion cantonaise. Les forces révolutionnaires, et en premier lieu les élèves de l'école militaire du Wam-Pou, intervinrent résolument contre la politique réactionnaire pratiquée dans les campagnes. Le C. C. du Kuomintang donna l'ordre d'envoyer des troupes pour venir en aide aux Unions paysannes. Il ne put faire appliquer immédiatement sa décision, dont l'exécution, par suite de la résistance d'une partie de l'état-major, fut retardée d'une semaine.
>
> On pourrait citer quantité de faits attestant le développement de la lutte de classes. Mais ceux que nous avons rapportés permettent d'apprécier le degré de révolutionnement des masses rurales, ainsi que l'étendue de la guerre civile à la campagne.

Or, ces faits sont tous tirés de la presse russe. Ils y faisaient même l'objet d'une discussion passionnée sur le rôle et la signification du Kuomintang. Seuls ceux qui, occupés par d'autres problèmes, n'ont pas suivi avec suffisamment d'attention les événements d'Asie, n'ont pas été au courant de cette lutte entre les forces réactionnaires du Kuomintang et les forces révolutionnaires, dont l'aboutissant a été la scission prévue par l'I. C. N'aurait-ce été que pour pouvoir expliquer la scission du Kuomintang aux masses ouvrières, il aurait fallu donner ces informations.

V. — L'I. C. et la révolution agraire

Le groupe Staline-Boukharine aurait caché le fait que Tam-Ping-San, ministre communiste de l'Agriculture du gouvernement de Hankéou, a accepté au début de juin, le commandement d'une expédition armée contre la Révolution agraire.

Or, si Treint peut parler de ce détail, c'est qu'il lui a été communiqué, comme à nous tous, par le camarade Boukharine dans une séance du Présidium. Il est exact qu'après les incidents de Chang-Cha, Tam-Ping-San, que par ailleurs Treint cherche à excuser avec tout le jeune parti communiste chinois, avait accepté de prendre la tête d'une expédition armée pour « calmer » la révolution agraire. Dès qu'il reçut cette information, l'organisme dirigeant interdit télégraphiquement à Tam-Ping-San de participer à cette expédition, blâma cette expédition, et menaça d'attaquer ouvertement le C. C. du P. C. chinois dans la presse, comme approuvant des actes contre-révolutionnaires. Le télégramme produisit son effet, car l'expédition projetée n'eut pas lieu, ce que Treint oublie de signaler, comme il oublie de dire que c'est grâce à la pression de l'I. C. que cette expédition fut désorganisée.

L'incident Tam-Ping-San suffit à montrer ce que vaut l'insinuation de Treint sur la politique soi-disant double de l'I. C. dans la question agraire. Depuis toujours, la politique de l'I. C. s'est nettement affirmée sur la question agraire. Mais c'est précisément le départ de Chang-Kaï-Chek et de l'aile bourgeoise du Kuomintang qui donnait selon l'I. C. le signal de la révolution agraire. Le 13 avril, dans ses thèses, le camarade Staline s'exprimait ainsi : « La scission avec Chang-Kaï-Chek est le signal du déclanchement de la révolution agraire ». Ces thèses publiées en Chine, apportèrent l'aide la plus considérable à la délégation de l'I. C. en lutte contre la direction opportuniste du P. C. chinois à propos de la question agraire. Les directives de l'I. C. étaient claires et nettes. On peut les résumer ainsi : commencer la révolution agraire, armer les ouvriers, armer les paysans. Ces directives étaient-elles justes ? Leur application aurait incontestablement donné la victoire aux communistes.

Qui s'est donc opposé à l'application de ces directives ? La direction du P. C. chinois, Tchan-Tu-Shiu, Tsu-Su-Boh, Tam-Ping-San, qui déclarèrent à plusieurs reprises ces directives impraticables. Or, aujourd'hui, Treint pour rendre ses accusations plus accablantes, vole au secours du P. C. chinois qu'il innocente. Treint sait que Tchan-Tu-Shiu considérait le déclanchement de la lutte des classes dans le village comme néfaste, qu'avec Tsu-Su-Boh, il voulait élargir militairement la révolution, et l'approfondir en faisant la révolution agraire. Tchan-Tu-Shiu voulait donner les paysans au Kuomintang et rester le parti des seuls ouvriers. Tam-Ping-San soutenait un point de vue analogue. Ce n'est qu'après une longue lutte de la délégation de l'I. C. contre le C. C. du P. C. chinois où cette délégation fut battue à plusieurs reprises que le C. C. du P. C. chinois accepta du bout des lèvres le point de vue de l'I. C. qu'il devait pratiquement trahir ensuite.

Dans cette question comme dans les autres, qui a été l'opportuniste et qui renforce l'opportunisme ? La direction de l'I. C. qui luttait pour faire appliquer des directives dans le P. C. chinois ou le C. C. du P. C. chinois et ceux qui le soutiennent ? Ceux qui demandaient l'armement des ouvriers et des paysans ou ceux qui, comme la direction du P. C. chinois acceptaient leur désarmement par les généraux réactionnaires ? Ceux qui, comme la direction de l'I. C. posaient le problème agraire dans toute son ampleur ou les opportunistes qui craignaient cette révolution ou ceux qui, comme Treint, les soutiennent maintenant. Il n'y a aucun doute, Treint s'insurge contre le fait qu'on rejette exclusivement sur le jeune P. C. chinois et sur sa jeune direction le poids de la faute qui incombe principalement au groupe Staline-Boukharine et qu'on donne l'investiture aux J. C. chinoises qui ont suivi la politique de ce groupe. En un mot, Treint soutient les vieux cadres opportunistes du P. C. chinois contre les jeunes cadres révolutionnaires des J. C. chinoises qui sont infiniment plus près de la grande masse des 50.000 adhérents entrés dans le P. C. depuis une année et demie que la vieille direction venue au communisme par des spéculations intellectuelles (Tchan-Tu-Shiu) ou à travers le Kuomintang (Tam-Ping-San). Cela montre toute la solidité de sa thèse et la véritable nature de son opposition. Sous les phrases qui veulent être radicales, Treint couvre à l'intérieur du parti une marchandise opportuniste, voire même contre-révolutionnaire.

VI. — L'opportunisme de Treint

Est-il exact que l'I. C. a considéré le gouvernement de Wu-Han comme le centre de la révolution ? Oui. Est-ce que Wu-Han fut dans un temps le centre de la révolution ? Incontestablement. A l'époque de la scission contre Chang-Kaï-Chek, Wu-Han était le centre de rassemblement de toutes les forces révolutionnaires contre l'aile réactionnaire du Kuomintang. Ce centre avait des défauts, des faiblesses signalées en leur temps par l'I. C. Mais il n'en était pas moins le seul centre révolutionnaire de Chine. Le gouvernement de Wu-Han alla même jusqu'à armer timidement et partiellement les ouvriers au moment où Chang-Kaï-Chek fusillait les pickets de Shanghaï. Pouvait-on considérer cet acte et le gouvernement qui le faisait comme révolutionnaires ? Evidemment. Quelle était la condition pour qu'il reste ? C'est qu'il continue sur cette voie. C'est que les communistes rendent plus forte de jour en jour la pression, l'organisation, l'armement des masses ouvrières et paysannes afin de cristalliser autour de la classe ouvrière prise comme moteur et avant-garde de la révolution toutes les autres forces révolutionnaires.

La cristallisation de ces forces autour de la classe ouvrière ne s'est pas accomplie dans la mesure où nous l'attendions à cause de l'inapplication des directives de l'I. C. Pour la réaliser, il fallait surtout changer le rapport des forces armées en notre faveur par l'armement systématique des ouvriers et des paysans. L'inapplication de ces mesures révolutionnaires essentielles ordonnées par l'I. C. devait avoir inévitablement les conséquences que nous connaissons. Que fait un révolutionnaire en pareilles circonstances ? Ce que l'I. C. vient de conseiller : liquider l'opportunisme dans le P. C. chinois, donner à ce parti une direction révolutionnaire, organiser la lutte contre les forces réactionnaires et les forces défaillantes du Kuomintang en mobilisant les masses ouvrières et paysannes sous toutes les formes possibles à l'intérieur et à l'extérieur du Kuomintang. Que fait un opportuniste ? Il attaque les révolutionnaires et se porte au secours des autres opportunistes que les révolutionnaires veulent battre. Protéger l'opportunisme dans le P. C. chinois et dans l'I. C., voilà en réalité le sort du camarade Treint.

VII. — Conclusion

Remarquons en conclusion que tous les faits que Treint a voulu jeter dans le parti pour troubler les membres inavertis sont démentis par la réalité. Treint, pour masquer son évolution, ne pouvait pas opérer autrement. C'est le procédé coutumier des gens qui n'osent pas avouer leur identité politique véritable. Entre l'opposition et Treint, il n'y a plus maintenant de différence. Treint explique cela par une soi-disant évolution de l'opposition russe et internationale. Il voudrait faire accroire au parti que ce n'est pas lui qui capitule devant l'opposition, mais l'opposition qui s'agenouille devant lui. Personne ne croira que Trotsky, Zinoviev ni même Vouïovitch se soient agenouillés devant Treint, et chaque membre du parti comprendra que c'est Treint qui a capitulé devant eux. Vraiment Treint choisit mal son moment. A la Conférence nationale du parti, il avait fait des réserves sur nos résolutions internationales, sous le prétexte que le rapport des forces dans le P. C. russe changeait en faveur de l'opposition. Ce procédé d'intimidation qui consiste à dire : « Ne prenez pas position sur une question parce que la majorité va changer de camp » prouve une absence totale de conviction politique ferme. Mais les sombres perspectives indiquées par Treint sont également démenties par les faits. Ce matin, toute la presse souligne l'importance pour le C. C. du

P. C. russe de ralliements à la majorité tels que ceux de Kroupskaia et de Sokolnikov. Devant le danger d'une agression contre l'U.R.S.S. chaque communiste comprend la nécessité de rassembler toutes les forces autour d'un même drapeau. Treint espérait que les difficultés de la révolution chinoise renforceraient ses amis de l'opposition dans le P. C. russe. C'est le contraire qui s'est produit. De nombreux membres de l'opposition, et des plus notoires, abandonnent les chefs qui ajoutent aux difficultés et aux attaques de la bourgeoisie internationale des difficultés qu'ils créent par leur opposition et leurs propres attaques. C'est ce moment que Treint choisit pour passer à l'opposition. Le C. C. du parti et le parti tout entier sauront juger comme il convient une telle évolution.

C'est pourquoi le Bureau Politique demande au C. C. de voter la résolution suivante.

DORIOT, SEMARD, BERNARD, CACHIN, MONMOUSSEAU, RAYNAUD, BERRAR, MIDOL, BONNEFONS.

Paris, 4 août 1927

LA QUESTION DE L'INSURRECTION VIENNOISE

Au Comité Central du 4 août, Treint s'est livré à une attaque violente contre la direction du parti et de l'I. C. à propos des événements d'Autriche et de Chine.

Parlant du mouvement révolutionnaire de Vienne, Treint a déclaré.

1° Que la politique du parti a été définie dans une série d'articles de l'*Humanité*. Ayant prélevé quelques phrases dans ces articles, il les commente et fait un long développement sur les origines du mouvement, le rôle de la social-démocratie et des communistes, en accusant la direction du parti d'opportunisme, « *parce qu'elle n'a pas trouvé dans le passé révolutionnaire français la légitimation du présent révolutionnaire chinois* ». Il met la direction du parti au niveau des Souvarine, Monatte et Rosmer qui en 1924 glorifiaient le gouvernement de Mac Donald, parce que dans une phrase d'un article de l'*Humanité* il était dit : « *qu'une participation ministérielle serait en « ce moment » une véritable trahison* ».

2° Que la direction du parti s'est tenue dans l'expectative et n'a pas organisé la solidarité au prolétariat viennois, alors qu'à Berlin et Prague, on décidait une grève de 15 minutes. Enfin, que la direction du parti et de l'I. C. n'ont pas « *montré la voie de l'adhésion de la République des Conseils d'Autriche à l'Union soviétique* » et il accuse « *le groupe Staline-Boukharine* » « *d'avoir passé sous silence l'alliance révolutionnaire avec les Soviets* » et la direction du parti « *de brouiller les cartes pour entraîner le parti dans la fange opportuniste* ».

La direction du parti pourrait traiter par le mépris ce charabia révolutionnaire qui a à sa base une interprétation tendancieuse de phrases que Treint a très habilement détachées de leur contexte, en se bornant à déclarer que c'est là une malhonnêteté politique.

Mais à la base de ces accusations fantaisistes, Treint se livre à une activité fractionnelle qui peut tromper certains camarades non avertis ou insuffisamment documentés.

En conséquence, la direction du parti déclare que :

1° Les articles de l'*Humanité* incriminés sont de notre camarade Cachin qui avait pris la précaution de souligner les difficultés de donner une information politique précise et juste sur des événements dont on ne connaissait le déroulement politique qu'au travers des dépêches contradictoires des agences bourgeoises et des affirmations suspectes des journaux social-démocrates.

Accuser la direction d'opportunisme pour n'avoir pas « assimilé la Commune viennoise à celle de Paris », et n'avoir pas su établir le « parallèle révolutionnaire entre l'incendie du Palais de Justice de Vienne et la prise de la Bastille » est une critique vraiment pauvre et qui manque totalement d'objectivité. Les phrases révolutionnaires ronflantes sont précisément le propres des opportunistes droitiers et extrême-gauchistes, elles remplacent très souvent l'action révolutionnaire.

Quant à l'assimilation avec Souvarine, Rosmer et Monatte, nous repoussons cette saleté du pied, rien dans l'article de Cachin ne permettait à Treint de tirer de telles conclusions. D'ailleurs voici le passage en entier :

Quel est le rôle des chefs socialistes ? Ils mettent en garde les travailleurs viennois contre les communistes qui demandent l'armement général du prolétariat. Ils font tous leurs efforts pour que le soulèvement ouvrier ne se transforme pas en guerre civile. Ils freinent et résistent à la poussée des masses. Ils recommandent aux ouvriers de ne pas quitter leurs maisons.

Pendant que les ouvriers se battent et veulent se battre, les socialistes sont en négociation avec Seipel et ses ministres fascistes.

Sur quelles bases ? Ici, les dépêches sont contradictoires.

Les unes affifirment qu'ils préparent un gouvernement où participeraient socialistes et fascistes. Les autres, que les socialistes réclament tout leur pouvoir.

Ce qui est sûr, c'est qu'une participation ministérielle en ce moment serait une véritable trahison : socialistes et fascistes s'uniraient pour écraser le mouvement. Ce qui n'est pas moins évident, c'est qu'un gouvernement socialiste ne pourrait tenir qu'avec l'appui de tous les ouvriers préalablement armés et mis en état de défense et d'attaque. C'est donc avec la plus grande raison que les communistes autrichiens ont lancé ce mot d'ordre de l'armement des prolétaires.

Il faut ajouter que chaque heure perdue est fatale à la classe ouvrière, et qu'en des moments comme ceux-ci c'est de la décision hardie et nette que dépend l'avenir et la victoire. Tout compromis ne peut que nuire mortellement à la cause du prolétariat et favoriser le fascisme.

L'interprétation que Treint a donné à cette phrase, habilement prélevée dans un paragraphe qui forme un tout, pour dire que la direction du parti est au niveau des Monatte, Rosmer et Souvarine, est une intolérable démagogie que le parti ne supportera pas.

Dès que la direction du parti fut suffisamment informée, elle s'efforça de mettre en évidence la trahison des chefs social-démocrates autrichiens ; il suffit de relire l'article de Cachin dans l'*Humanité* du 20 juillet, intitulé « De Bauer à Seipel plus de différence » et dont voici quelques passages caractéristiques :

Les Seitz, les Bauer, les Renner et les autres ont fait battre la classe ouvrière de Vienne et par contre-coup le prolétariat international. Ils ont reculé devant les actes énergiques. Au lieu de se battre, ils ont négocié, parlementé et finalement ont laissé passer l'heure possible d'une victoire prolétarienne... Il n'y a plus de différence entre les paroles de Bauer et celles de Seipel, entre le bloc chrétien-social et le pseudo socialiste révolutionnaire. Au moins le premier est-il logique et clair. Mais le second n'a réussi qu'à désarmer la classe ouvrière, à la faire battre piteusement ; à cette heure il va plus loin et plus bas, il tente de déshonorer le geste des travailleurs qui lors de la journée du 15 juillet ont risqué leur vie pour défendre leur classe et qui furent tués ou blessés par centaines au cours des événements tragiques.

Pour Treint, c'est là un langage opportuniste qui ne se distingue pas de celui de Bauer. Les camarades apprécieront.

2° La direction du parti a suivi au jour le jour les événements et elle a cherché à intéresser tout le prolétariat pour obtenir sa solidarité. Dès qu'elle fut informée sur le véritable caractère du mouvement, elle décida un meeting de solidarité pour renseigner les masses ouvrières et leur demander de soutenir les révolutionnaires viennois. C'est encore de la pure démagogie de reprocher à la direction de n'avoir pas déclanché un mouvement de solidarité, car ce qui était possible à Berlin et à Prague en raison d'une certaine solidarité de race et par suite des liens plus étroits qui existent entre les trois prolétariats ne l'était pas à Paris.

L'opinion de la direction du parti sur les événements de Vienne a été formulée au meeting du 21 juillet (décidé le 17) et dans un article des *Cahiers* du 1er août (écrit le 25 juillet) mais Treint passe tout cela sous silence ! L'opinion de l'I. C. a été formulée dans un manifeste paru dans les derniers jours de l'insurrection. Treint n'en dit pas un mot, toute sa critique est fondée sur quatre articles de l'*Humanité* signés par notre camarade Cachin, on en comprend trop aisément les raisons, comme on comprend aussi sa mauvaise foi.

L'accusation portée contre « le groupe Staline-Boukharine » de n'avoir pas montré la voie de l'adhésion de la République des Conseils d'Autriche à l'Union soviétique, est fausse et ridicule. Pour s'en convaincre, il n'y a qu'à relire le manifeste de l'I. C. qui entre autres demande aux masses d'exiger l'armement des ouvriers et le désarmement des organisations fascistes, d'exiger la formation de Conseils ouvriers dans les quartiers de Vienne et dans tout le pays pour mobiliser les masses et guider la lutte pour la formation d'un gouvernement Ouvrier et Paysan.

Treint démontre seulement une fois de plus qu'il est passé à l'opposition dont il utilise tous les arguments contre la majorité du C. C. du parti de l'U.R.S.S., qu'il baptise pour les besoins de sa politique oppositionnelle, « groupe Staline-Boukharine », tout comme le font Trotsky et Zinoviev.

Si quelqu'un brouille les cartes pour entraîner le parti « dans la fange opportuniste », c'est bien Treint qui depuis plusieurs années est en désaccord avec la politique de son parti et de l'I. C. et qui se sert de petits moyens indignes d'un communiste pour poursuivre une lutte fractionnelle contre la direction du parti et de l'I. C.

RESOLUTION DE L'I. C. SUR L'INSURRECTION VIENNOISE

I. — L'insurrection spontanée du prolétariat viennois, des 15 et 16 juillet de l'année courante, est un événement de la plus haute importance dans l'histoire de la lutte de classe des ouvriers autrichiens et de la révolution prolétarienne internationale.

L'insurrection est un tournant décisif dans le développement de l'Autriche. Elle a révélé soudainement, d'une façon claire et nette, débarrassée du masque de la phraséologie « démocrate » et pseudo-radicale, la situation en Autriche, l'accentuation des antagonismes des classes, la trahison des « austro-marxistes », la volonté et la capacité de lutte du prolétariat, la nécessité absolue d'une direction révolutionnaire entraînant les masses et a créé une nouvelle situation d'aggravation extrême des antagonismes des classes en Autriche.

Le succès momentané de la bourgeoisie, qui représente le début d'une offensive acharnée contre le prolétariat, doit devenir nécessairement le point de départ d'une période de nouvelles collisions de plus en plus graves entre les classes.

La portée internationale de l'insurrection

II. — L'importance internationale de l'insurrection spontanée du prolétariat viennois consiste en ce qu'elle a démontré, une fois de plus et de la façon la plus expressive, le caractère chancelant, incertain, passager de la stabilisation capitaliste et qu'elle a fourni la preuve pratique, après les luttes gigantesques en Angleterre et en Chine, que la lutte révolutionnaire des masses ne disparaît pas sur le terrain de la stabilisation capitaliste, mais qu'au contraire, elle s'approfondit et peut s'aiguiser jusqu'à l'insurrection. Un trait particulier de l'insurrection de Vienne, considérée du point de vue de la lutte de classe internationale, est le fait que, pour la première fois depuis 1923, le drapeau de la lutte de classe révolutionnaire a de nouveau été soulevé en Europe centrale, en dépit de tous les efforts de stabilisation de la bourgeoisie internationale et malgré que la lutte ait mis en jeu la question d'être et de ne pas être de la domination de classe capitaliste.

a) Quant à l'appréciation de la période actuelle, l'insurrection de Vienne prouve que ce n'est pas la social-démocratie, défendant le point de vue que la révolution est terminée, que le capitalisme a devant soi une longue période de stabilisation relative comme période d'accentuation des antagonismes de classe, qui a eu raison ;

b) L'insurrection de Vienne a montré avec toute la clarté désirable aux travailleurs de tous les pays le fait que, dans la période de stabilisation relative, la fermentation parmi le prolétariat s'accroît et que les antagonismes de classe s'approfondissent. Dans la même mesure que la volonté de lutte de la classe ouvrière s'accroît, le parti communiste de chaque pays doit se préparer à l'approche de luttes aiguës. L'action de masse du prolétariat international pour sauver Sacco et Vanzetti est une preuve que la croissance de la volonté de lutte ne se borne pas seulement à l'Autriche. Ces événements, ainsi que l'insurrection de Vienne, démontrent plutôt, sur le plan international, que la question de la prise du pouvoir par le prolétariat s'approche.

La leçon la plus plus importante consiste en ce que, même dans la période de stabilisation partielle, les luttes de masse révolutionnaires pour le pouvoir sont possibles, inévitables même, — à condition qu'il existe une direction révolutionnaire sachant mobiliser les masses — et peuvent remporter la victoire ;

c) Enfin, l'insurrection de Vienne a abouti à la banqueroute idéologique de l'austro-marxisme et, par conséquent aussi, à la faillite de la phraséologie de gauche du fait qu'elle a infligé une défaite à la politique du parti modèle de la IIe Internationale ;

d) L'écrasement sanglant, inouï du mouvement des ouvriers viennois et le cours réactionnaire dont cette terreur r [illegible] été que le début font également partie des préparatifs internationaux de l'impérialisme pour le déclenchement de l'offensive contre lUnion soviétique. Cela a été confirmé par l'attitude récente de la bourgeoisie autrichienne vis-à-vis de l'Union soviétique. D'autre part, les barricades de Vienne et le mouvement de masse pour Sacco et Vanzetti sont des signes pleins de menaces révélant la résistance révolutionnaire formidable que la bourgeoisie rencontrera en cas d'attaque contre l'Union soviétique.

La question de l'intervention

III. — L'insurrection spontanée de Vienne a soulevé le problème de l'équilibre de l'Europe centrale. La bourgeoisie autrichienne a essayé d'intimider le prolétariat en le menaçant d'une intervention de Horthy et de Mussolini. Il est un fait que, non seulement les sympathies des bourgeoisies de tous les pays capitalistes étaient du côté de la bourgeoisie autrichienne, mais celle-ci fut aussi directement soutenue par celles-là, et d'autres secours lui avaient été promis. En même temps que se manifestait cette attitude hostile unanime vis-à-vis du prolétariat autrichien, les antagonismes entre les différents Etats capitalistes se sont également montrés. La question de l' « Anschluss » à l'Allemagne fut de nouveau discutée et posée comme question litigieuse concrète à l'ordre du jour.

Les déclarations de Mussolini et de Benès, d'après lesquelles ils n'auraient jamais pensé à une intervention, ne font que souligner l'antagonisme entre les groupes de puissances : Yougoslavie-Tchécoslovaquie-France, d'un côté ; Hongrie-Italie-Angleterre, de l'autre. Mais, en dépit de ces antagonismes, la menace d'une intervention capitaliste en Autriche sera réelle dès que le prolétariat autrichien renversera la domination du capital et érigera son propre pouvoir. En ce cas, les Etats capitalistes essaieront, tôt ou tard, d'écraser par les armes la révolution autrichienne. Mais une telle intervention aiguiserait inévitablement aussi les conflits entre les Etats capitalistes de l'Europe centrale, aboutirait peut-être même à des complications guerrières et mûrirait le soulèvement révolutionnaire du prolétariat des pays voisins. Le 15 juillet a démontré la possibilité de ces deux éventualités — l'accentuation des différends profonds entre Etats capitalistes et la lutte solidaire du prolétariat des pays avoisinants. Sous une direction révolutionnaire décidée, alliée aux masses de la paysannerie pauvre et soutenue par la solidarité internationale du prolétariat, la classe ouvrière autrichienne serait absolument à même de défendre victorieusement la révolution autrichienne contre l'intervention étrangère.

En déclarant qu'une victoire de la révolution est impossible parce que celle-ci serait noyée dans le sang par les troupes de Horthy et de Mussolini, la social-démocratie ne fait que souligner sa cécité vis-à-vis des graves différends entre Etats capitalistes et surtout son manque de foi en la solidarité du prolétariat des pays limitrophes.

Les causes de l'insurrection

IV. — Les causes de l'insurrection viennoise sont non seulement dans les conséquences générales de la crise d'après-guerre du capitalisme, mais aussi dans leur aggravation par les circonstances spécifiquement autrichiennes.

Par les traités de paix impérialistes de 1919, le territoire de l'ancienne monarchie austro-hongroise a été déchiré en une série de petits Etats qui, formellement indépendants, sont en réalité les instruments et les objets d'exploitation des grandes puissances impérialistes. L'Autriche capitaliste, en raison du traité de paix de Saint-Germain, a été condamnée à des crises particulièrement sérieuses. Chargée de l'appareil administratif et de la plus grande partie de l'appareil financier d'un Etat de 60 millions d'habitants, d'une industrie dépourvue de sources de matières premières et de débouchés, la nouvelle Autriche est l'Etat le plus faible de l'ancienne monarchie austro-hongroise.

Au moment de l'effondrement de la monarchie autrichienne, en 1918, la bourgeoisie d'Autriche fut sans chef et inorganisée. Dans toute la paysannerie, régnait un fort mécontentement et la tentative de créer un nouvel Etat avec les restes de la monarchie austro-hongroise ne pouvait s'appuyer que sur la seule force organisée existant alors : le proletariat.

A ce moment de faiblesse et de manque de direction de la bourgeoisie, où existaient les possibilités objectives de la prise du pouvoir par le prolétariat, la social-démocratie autrichienne a commis une trahison inouïe en se chargeant d'organiser une Autriche bourgeoise capitaliste. Elle a sauvé l'ordre socialbourgeois en se mettant au travers de l'élan prolétarien et en dirigeant le mouvement révolutionnaire des masses dans des voies « légales ». Elle a trahi la dictature des Soviets de Hongrie menacée de partout et n'a rien fait pour secourir les ouvriers bavarois.

Le 15 juin 1919, elle a noyé dans le sang la tentative des ouvriers viennois de venir en aide aux prolétaires hongrois. Elle a laissé la police et l'administration aux mains des anciens fonctionnaires de la monarchie, les a aidées à se fortifier et à s'organiser pour remettre en définitive l'instrument du pouvoir à la bourgeoisie au moment où celle-ci avait réussi à rassembler ses forces et à s'organiser.

La bourgeoisie a réussi à regrouper non seulement la bourgeoisie citadine et une grande partie de la petite-bourgeoisie, mais aussi toutes les couches paysannes.

Le gouvernement bourgeois, soutenu par la social-démocratie, commença par réaliser le plan de colonisation de l'Autriche élaboré par la S.D.N. et par rétablir la domination capitaliste aux frais du prolétariat. Par la paupérisation du prolétariat, par le congédiement de centaines de milliers d'ouvriers chassés des entreprises, la bourgeoisie autrichienne a réussi à mettre de l'ordre dans les finances de l'Etat et à satisfaire les exigences de la S.D.N. La social-démocratie, de son côté, s'efforça de cacher la paupérisation de la classe ouvrière, conséquence de la politique d'assainissement, par des mesures de prévoyance sociale. En simulant une opposition à la politique du gouvernement bourgeois et en liant celle-ci à une activité de prévoyance sociale et de construction de logements dans les cadres du capitalisme et de la politique bourgeoise de prévoyance sociale, elle a détourné l'attention de la classe ouvrière de la tâche centrale, à savoir : la lutte pour le pouvoir. Cette « politique réaliste » fut à la base de son recrutement. Les petits soulagements procurés aux ouvriers par la politique communale servirent à la social-démocratie pour augmenter le nombre de ses électeurs et pour canaliser en même temps la radicalisation menaçante du prolétariat « dans des voies légales », comme les social-démocrates l'avaient déjà fait en 1919.

C'est grâce à la politique des social-démocrates, que le gouvernement et les organisations fascistes soutenues par lui prirent une attitude de plus en plus insolente à l'égard de la classe ouvrière. A la chaîne de provocations bourgeoises, les organisations social-démocrates de masse ne répondirent que faiblement.

La radicalisation grandissante de la classe ouvrière s'opéra tout d'abord dans les rangs même de la social-démocratie. Le mécontentement contre le régime existant produit par la politique brutale de stabilisation du gouvernement bourgeois pénétra profondément dans les rangs de la petite-bourgeoisie et même dans une partie de la paysannerie. La social-démocratie fit tout son possible pour gagner, grâce à cette circonstance, de nouvelles masses électorales.

Les dernières élections au Conseil national d'avril 1927 ont été extrêmement caractéristiques pour ce développement. Le gouvernement essuya une défaite. Non seulement il perdit à l'avantage de la social-démocratie de larges couches de la petite-bourgeoisie, mais aussi, dans quelques régions, certaines fractions de la paysannerie. De l'autre côté, le parti communiste, en dépit de sa politique juste et de ses mots d'ordre justes, ne pouvait gagner les masses. Il avait encore été possible à la social-démocratie de fasciner, par une phraséologie radicale et par des promesses démagogiques, la partie mécontente des ouvriers. Cette phraséologie radicale qui, pour les chefs social-démocrates, ne fut qu'une manœuvre, fut prise au sérieux par les masses. Les ouvriers pleins de sentiments révolutionnaires et de foi en la phraséologie du P. S. glorifiant la puissance du prolétariat, ne voulurent pas supporter plus longtemps les provocations des fascistes et de la justice de classe bourgeoise. A Vienne surtout, on leur avait raconté si souvent qu'ils étaient les maîtres, qu'ils voulurent exercer le véritable pouvoir !

La contradiction entre le sentiment intense de puissance et la volonté de lutte de la classe ouvrière, d'un côté, et la passivité de la social-démocratie, de l'autre, a finalement éclaté le 15 juillet, sous forme de grève spontanée, de démonstrations de masse qui se transformèrent spontanément en insurrection où le prolétariat se trouva face à face avec la bourgeoisie et la social-democratie.

La contradiction entre la masse et la direction

V. — Le point de départ de la lutte du 15 juillet fut la défense du prolétariat contre l'offensive du fascisme favorisée d'une façon provocante par la justice de classe bourgeoise. L'importance objective de classe, la portée politique de l'insurrection sont, toutefois, bien plus grandes. L'affirmation de certains camarades que le 15 juillet « n'est qu'un soulèvement de masse et non une insurrection », est une faute opportuniste. La lutte, commencée par un mouvement de masse spontané et par des manifestations sous forme d'une grève des couches décisives du prolétariat, s'est transformée en grève générale et en insurrection, quoique spontanée, du prolétariat contre la domination de classe de la bourgeoisie, en insurrection qui aurait pu aboutir au renversement de la domination bourgeoise et à l'établissement de la dictature du prolétariat.

L'antagonisme principal de l'insurrection de Vienne réside entre l'élan formidable, plein de vigueur et d'héroïsme, du mouvement spontané des masses et le manque d'une direction révolutionnaire des masses de la classe ouvrière. Le P. S. autrichien a combattu l'insurrection de Vienne non seulement idéologiquement et par principe, mais il a organisé et soutenu son étranglement. En instituant la police communale de Vienne, le maire, Seitz, cherchait à rassembler les éléments « méritant le plus de confiance », pour organiser, sous sa propre direction, la direction de l'Etat bourgeois. Le P. C. autrichien s'est immédiatement déclaré pour l'insurrection et s'est mis aux premiers rangs du prolétariat en lutte. La faible influence du parti ainsi que sa faiblesse numérique l'empêchaient cependant de prendre entièrement entre ses mains la direction de la lutte. C'est ainsi que l'antagonisme entre la volonté de lutte du prolétariat et sa direction est devenu la cause de la défaite.

Le parti social-démocrate

VI. — La base de l'austro-marxisme fut une forme particulière de collaboration avec la bourgeoisie dissimulée par le P. S. derrière une phraséologie révolutionnaire. Le P. S. autrichien a aidé la bourgeoisie à rétablir la domination et l'économie capitalistes ébranlées en Autriche, tout en gardant l'apparence d'un parti d'opposition, service pour lequel la bourgeoisie lui accorda de minimes concessions qui furent présentées aux ouvriers, avec un tapage formidable, comme des conquêtes révolutionnaires socialistes. Sa politique, consistant à « convaincre » la bourgeoisie, à obtenir de petites concessions, lui permettait d'endormir la vigilance du prolétariat et de renforcer la bourgeoisie. Cette politique a été possible jusqu'à présent parce que la bourgeoisie était si faible, qu'elle ne pouvait maintenir sa domination que de cette façon.

Par les petites améliorations obtenues par le P. S. autrichien grâce à sa politique communale et ses compromis parlementaires ainsi que par la phraséologie radicale sur la puissance de la classe ouvrière qui, « se tenant au garde à vous », pourrait facilement repousser toutes les attaques de la bourgeoisie, le P. S. autrichien avait réussi à retenir les masses prolétariennes dans ses rangs. Au sein de la IIe Internationale, le P. S. autrichien fut le porte-parole de la soi-disant «aile gauche ». Simultanément, ce parti de conservation sociale, défenseur de « l'idée nationale de l'Anschluss », protestant contre l'attitude de « traîtres à la patrie » des chrétiens sociaux, s'offrant à mieux administrer l'Etat capitaliste que les partis bourgeois eux-mêmes, posant la protection des locataires comme question principale lors des campagnes électorales, introduisant le socialisme sans expropriation par des impôts sur le champagne, etc., réussit à paraître en face des partis réactionnaires chrétiens-sociaux et pangermanistes, comme seul parti du progrès bourgeois et à gagner des masses de plus en plus grandes de petits bourgeois.

Jusqu'au 15 juillet, le P. S. autrichien avait donc la possibilité d'entraîner autant les masses du prolétariat industriel que celles de la petite-bourgeoisie. Et cela parce que jusqu'alors il avait toujours réussi à se dérober aux questions décisives, parce que les ouvriers avaient encore foi dans sa phraséologie radicale puisqu'ils n'avaient pas encore vécu l'expérience pratique leur révélant qu'elle n'était que phraséologie démagogique, parce que la petite-bourgeoisie autorisait cette phraséologie radicale, convaincue que le prolétariat ne se détacherait jamais des chefs du P. S. autrichien, qu'il ne prendrait jamais au sérieux cette phraséologie et qu'il ne réaliserait jamais sa propre politique de classe, sa lutte de classe sous sa forme la plus élevée. La force du P. S. autrichien était fondée sur des conditions spécifiquement autrichiennes. L'austro-marxisme qui est un phénomène international du fait qu'il est l'expression de la politique de ce qu'on appelle « la social-démocratie de gauche » d'Allemagne, d'Angleterre, de France, etc..., etc.., ne pouvait pleinement s'épanouir que dans les conditions autrichiennes. Mais, le 15 juillet, l'austro-marxisme s'est écroulé en

Autriche, il a fait banqueroute et a perdu la base de son développement ultérieur.

Le programme de Linz fut une tentative de fixer dans un programme la politique réellement réformiste, bourgeoise progressiste, marquée par une phraséologie radicale. C'est là déjà que commence à se manifester l'antagonisme entre la petite-bourgeoisie dominant idéologiquement le parti et le prolétariat industriel révolutionnaire. Mais on réussit encore une fois à jeter un pont sur ces antagonismes à l'aide de l'ancienne méthode et même du manque d'expérience des masses. Le 15 juillet marque les premières manifestations de cet antagonisme. D'un côté, le P. S. autrichien est obligé — en tant que parti de conservation sociale — de prendre une attitude de traître de plus en plus ouverte dans ses tractations et de s'approcher de plus en plus de l'attitude du P. S. d'Allemagne ; d'autre part, il ne pourra pas rompre brusquement avec la phraséologie radicale sans courir le risque de perdre immédiatement de larges masses ouvrières. En même temps, la bourgeoisie, qui se croyait suffisamment forte pour entreprendre l'offensive sanglante contre la classe ouvrière et pour renoncer aux formes multiples de collaboration avec le P. S., l'a mis dans une situation telle où les manœuvres, le camouflage, les tractations ne peuvent plus guère se faire sans montrer ouvertement sa physionomie. Cet antagonisme et ces circonstances ont abouti à ce que, d'un côté, la petite-bourgeoisie, terrifiée par les événements du 15 juillet, déserte de plus en plus le P. S. autrichien et que, de l'autre côté, une opposition prolétarienne de gauche se cristallise au sein du P. S. autrichien. Cette idéologie oppositionnelle de gauche est peu claire. Mais néanmoins, elle marque le début d'un réveil révolutionnaire du prolétariat industriel d'Autriche des illusions trompeuses de l'austromarxisme. Sans renoncer le moins du monde à la critique de toutes les demi-mesures, des flottements ou des manques de clarté de l'opposition, le parti du prolétariat doit expliquer l'importance de ce processus et le soutenir.

Ce processus d'évolution est actuellement le facteur décisif pour le dénouement ultérieur de la lutte de classe en Autriche.

L'attitude du P. C. Autrichien
Le mot d'ordre des soviets ouvriers

VII. — Bien que le P. C. autrichien n'ait mis fin qu'au début de cette année, par une opération violente, aux conflits intérieurs et aux luttes fractionnelles qui duraient depuis des années, bien qu'il ait essuyé en avril de l'année courante une défaite électorale et que, pour des raisons objectives et par suite de fautes commises dans le passé, il soit faible du point de vue d'organisation et isolé des masses, il faut néanmoins constater sa belle attitude lors des luttes de juillet.

Les affirmations calomniatrices des extrêmes-gauchistes que le parti « ne s'est pas montré » ou qu'il « n'a pas participé » aux événements, etc..., doivent être repoussées énergiquement. Le parti s'est mis à la tête des ouvriers insurgés. Il a pris part au combat avec un grand esprit de sacrifice et a cherché à lui donner une direction juste, révolutionnaire. Après la défaite, il s'est déclaré ouvertement et courageusement, en face de la campagne d'excitation criminelle de la bourgeoisie et des chefs social-démocrates, pour le prolétariat combattant et pour l'insurrection de Vienne.

La ligne politique du parti telle qu'elle était exprimée, notamment dans l'appel du C. C. au sujet de l'assassinat de Schattendorf en janvier, lors de l'attaque sur l'arsenal, dans la lettre ouverte au P. S. autrichien à propos des élections et de la livraison des armes de l'arsenal, fut juste.

Longtemps avant l'insurrection, le parti avait compris que le mot d'ordre de l'armement du prolétariat correspondait à la situation spécifique de l'Autriche et qu'il fallait mettre ce mot d'ordre au centre de l'agitation, en dépit de la stabilisation relative. Grâce à la répétition inlassable de ce mot d'ordre pendant de longs mois, il a été finalement adopté par presque tout le prolétariat, quoique la direction du P. S. autrichien menât précisément sur cette question une campagne d'agitation extrêmement violente contre le P. C. autrichien.

Les mots d'ordre émis par le parti au cours de la lutte : désarmement et dissolution des organisations fascistes et de la police, armement du prolétariat, formation de véritables organisations d'auto-protection, renversement du gouvernement Seipel et lutte pour un gouvernement ouvrier et paysan, furent justes et bons.

Mais au cours des luttes du 15 juillet, la tactique du parti devait tenir compte du fait que les masses ouvrières viennoises se trouvaient en insurrection, quoique en insurrection spontanée. Cette appréciation fondamentale et toute la portée politique des événements ne furent pas assez rapidement et assez complètement comprises par le parti, bien que le parti se rendît immédiatement compte que la lutte des 15 juillet et des journées consécutives était bien plus qu'une simple réponse à une provocation de la justice fasciste. La lutte pour le renversement du gouvernement Seipel et pour la conquête du gouvernement ouvrier et paysan, était, en fin de compte, la lutte pour le renversement de la domination bourgeoise de classe.

Pour avoir sous-estimé la radicalisation, la volonté de lutte et l'indignation du prolétariat après la sentence dans le procès de Schattendorf, le parti omit de lancer, comme il l'aurait fallu, les mots d'ordre de grève générale et de renversement du gouvernement dans la nuit du 14 et dans la matinée du 15 juillet. Mais ces fautes ayant été corrigées quelques heures après, elles n'étaient pas très graves.

Cependant, le mot d'ordre de la création immédiate de soviets ouvriers, contenu dans l'appel de l'Exécutif, ne fut pas émis par le P. C. autrichien et la direction du parti n'a rien entrepris pour organiser un quelconque groupe d'initiative du prolétariat. Le parti se sentait trop faible pour mobiliser la classe ouvrière, avec ce clair et essentiel mot d'ordre, pour la conquête victorieuse du pouvoir. Il est évident qu'un P. C. plus fort n'aurait pu réaliser non plus des élections générales, régulières aux soviets ouvriers en quelques jours. Mais on aurait pu créer, en quelques heures, une sérieuse direction de lutte composée de représentants des organisations révolutionnaires de masse (en première ligne, de quelques groupes syndicaux se trouvant sous l'influence communiste, de quelques conseils d'entreprises révolutionnaires, etc...) et, évidemment aussi, de représentants du parti communiste. Un tel centre élargi ne pouvait et ne devait naturellement pas remplacer le rôle dirigeant de la direction du parti communiste ; au contraire, par cet organe se posant publiquement comme poste central du mouvement insurrectionnel (dans lequel la majorité devait appartenir à des révolutionnaires absolument sûrs), le P. C. devait essayer d'étendre son influence sur les plus grandes masses ouvrières possibles. Cet organe qu'il aurait fallu créer immédiatement, aurait pu inviter de suite le prolétariat à créer des soviets ouvriers et s'imposer ainsi comme groupe d'initiative et comme premier poste central provisoire des soviets ouvriers. Ainsi, le mouvement insurrectionnel spontané des masses aurait eu non seulement un centre d'organisation, mais également un mot d'ordre général révolutionnaire, stimulant l'organisation, entraînant toutes les couches combatives du prolétariat et soulevant clairement devant la conscience des masses la tâche de la conquête du pouvoir. Ce mot d'ordre aurait été le plus approprié pour élargir la lutte des masses, pour l'approfondir et pour pousser un coin entre les masses social-démocrates actives et leur direction de traîtres.

Cette tâche n'a pas été comprise par la direction du P. C. autrichien qui n'a pris aucune mesure en ce sens. Au lieu de cela, elle a lancé au cours de l'insurrection le mot d'ordre : « Réunion immédiate des conseils d'entreprises ! » Ce fut une grande erreur. Si la soi-disant compromission des soviets ouvriers en Autriche par la campagne d'excitation antirévolutionnaire menée par les chefs social-démocrates paraissait être aux communistes une raison majeure pour renoncer au mot d'ordre des soviets ouvriers, combien plus la domination réelle des social-démocrates dans les conseils d'entreprises légaux (à quelques exceptions près) devait être une raison concluante pour ne pas demander la convocation de ces conseils d'entreprises pendant le mouvement insurrectionnel.

La ligne générale du parti pendant les luttes fut juste ; cependant, la critique nécessaire et impitoyable des chefs social-démocrates et de leur trahison ne fut pas exprimée de façon assez vibrante et énergique dans la *Rote Fahne*.

Il faut souligner tout particulièrement l'attitude juste et vaillante de la Fédération communiste des jeunes et de la jeunesse prolétarienne de Vienne au cours de la lutte. Le parti doit soutenir plus fortement que jamais le travail parmi les jeunes.

Perspectives prochaines

VIII. — A partir du 15 juillet, la lutte de classe s'aiguise en Autriche. La bourgeoisie passe ouvertement à l'offensive réactionnaire. Elle essaiera de tirer profit de la victoire remportée le 15 juillet par la force des armes. Au cours de cet hiver, elle déclenchera des attaques violentes en vue du développement de la rationalisation capitaliste contre les salaires, la journée de 8 heures, les allocations de chômage, elle augmentera les taux de douane et battra en brèche la loi sur la protection des locataires, etc... En même temps, la bourgeoisie s'efforcera de consolider davantage encore sa domination politique. Les gardes civiques et organisations fascistes sont développées et armées. L'armée est « réorganisée ». Le gouvernement bourgeois réprime férocement le parti communiste et essaie de lui enlever toute possibilité d'activité.

Cette offensive d'envergure de la bourgeoisie suscitera la défense prolétarienne. Le prolétariat d'Autriche, se radicalisant au fur et à mesure que la réaction grandit, a vu, le 15 juillet, la véritable physionomie de la « démocratie », mais il s'est aperçu aussi de sa propre force et ne permettra pas qu'on lui dérobe complètement ses droits, qu'on l'écrase. Des prochaines luttes graves et acharnées, de nouvelles grandes collisions entre le pouvoir d'Etat bourgeois et le prolétariat peuvent se développer.

Les combats futurs en Autriche auront également une grande importance pour les préparatifs de guerre contre l'Union soviétique. La lutte des ouvriers autrichiens sera en même temps une lutte contre la guerre menaçante, contre l'intervention dans l'Union soviétique, car une victoire de la bourgeoisie autrichienne relierait en effet solidement les Etats limitrophes réactionnaires, la Pologne et la Hongrie, d'un côté, avec l'Italie, de l'autre.

Les grandes possibilités existant jusqu'à présent pour le P. S. autrichien de faire une politique pseudo-radicale, sont passées. A la trahison ouverte du 15 juillet, s'en ajouteront de nouvelles. Déjà, le P. S. autrichien a capitulé dans les questions de la milice communale, des lois scolaires, de l'amnistie des prisonniers de juillet, voire dans la question de la commission d'enquête « démocratique ». Il trahira de même dans la lutte contre la rationalisation capitaliste et ses conséquences, il trahira lors des débats sur les lois douanières, sur la protection des locataires, sur la milice municipale et l'Association de défense républicaine. Au cours de ces luttes et au fur et à mesure que ces trahisons s'accumuleront, une aile gauche prolétarienne, au sein du P. S. autrichien, qui sera pour la lutte de classe prolétarienne, se cristallisera de plus en plus.

Des organes de mouvement de masse naîtront spontanément ou seront organisés par notre parti, organes absolument nécessaires pour la direction de la lutte révolutionnaire. Des comités d'entreprises révolutionnaires, des comités de lutte contre le fascisme, des comités d'unité, etc..., surgiront ; des organes de masse nés de la lutte et créés pour la diriger.

Tâches principales du parti

IX. — Le P. C. autrichien doit s'appliquer sérieusement à dégager les leçons de l'insurrection de Vienne et à les expliquer à la classe ouvrière. Voici les principales tâches qu'il devra prochainement s'efforcer de remplir :

1° Dénoncer avec virulence et impitoyablement la trahison des chefs social-démocrates ;

2° Organiser une large lutte de masses pour les revendications quotidiennes du prolétariat (contre la rationalisation capitaliste et ses conséquences, contre les douanes, pour la protection des locataires, pour l'amnistie des détenus de juillet) reliée à la lutte générale contre le fascisme et la réaction, contre l'Etat bourgeois (sous les mots d'ordre : désarmement des organisations fascistes, armement du prolétariat, renversement du gouvernement bourgeois, établissement du gouvernement ouvrier et paysan) ;

3° Favoriser la cristallisation de l'opposition prolétarienne de gauche dans le P. S. autrichien, la soutenir sans renoncer le moins du monde à critiquer son attitude peu claire et flottante ;

4° Renforcer le travail dans les syndicats, créer une aile gauche rassemblant tous les ouvriers mécontents de la politique syndicale réformiste.

5° Développer le parti en un parti de masse, renforcer et consolider le parti dans le domaine d'organisation.

Le recrutement de nouveaux membres est d'une importance primordiale ainsi que la diffusion de la presse et de la littérature, la création et le développement des cellules d'entreprises, le renforcement du travail en province, l'établissement de liaisons spéciales entre la direction centrale du parti et les organisations de province, l perfectionnement de la liaison organique et technique, l'adaptation de l'organisation et des méthodes de travail du parti à la politique de plus en plus réactionnaire de la bourgeoisie contre le parti et la préparation en vue d'une illégalité complète du parti. Tout en s'y préparant, le parti doit défendre son existence légale jusqu'au dernier moment ;

6° Mener une vaste propagande dans les masses en vue de la création d'une organisation révolutionnaire d'auto-protection du prolétariat. En soulignant l'attitude traître des chefs de l'Association de défense républicaine, il faut grouper les ouvriers de gauche de cette Association. En même temps, le parti doit renforcer son service d'ordre comme cadre de la future fédération des combattants du front rouge.

7° Analyser minutieusement la question agraire et élaborer le plus rapidement possible un programme d'agitation du parti en vue du travail parmi les paysans pauvres ; commencer un travail de masse au village.

En réalisant toutes ces tâches, le parti ne doit jamais perdre de vue que l'Autriche n'est qu'un secteur du front de la lutte de classe révolutionnaire du prolétariat international et qu'il doit relier sa lutte à la défense de la révolution russe et chinoise et à la lutte contre la guerre d'intervention impérialiste menaçante.

Tâches internationales

X. — Les tâches internationales les plus importantes, résultat de l'insurrection viennoise, sont : Expliquer le caractère précaire de la stabilisation relative qui, à chaque instant, peut engendrer de grands conflits révolutionnaires ; mener une propagande énergique pour faire ressortir l'importance de l'insurrection, dénoncer impitoyablement le rôle traître de l'austro-marxisme, expliquer aux masses les plans d'intervention des Etats impérialistes limitrophes de l'Autriche au cours de l'insurrection et mobiliser la classe ouvrière afin d'empêcher activement toute intervention contre-révolutionnaire contre le soulèvement du prolétariat.

LE TRAVAIL FRACTIONNEL DE TREINT

Lettre de Treint à Monmousseau

Paris, le 8 juillet 1927.

Mon cher Gaston,

Au nom de toutes nos anciennes batailles menées en commun, j'insiste pour que tu ne te prononces pas sur la situation internationale : question chinoise, derniers événements dans le comité anglo-russe et situation intérieure du parti russe, avant de m'avoir entendu.

Indépendamment même de notre amitié forgée dans les luttes communes, tu es l'un des dirigeants du parti et le dirigeant le plus responsable de la C.G.T.U.

La situation est sérieuse.

Je suis persuadé que tu trouveras le moyen de me ménager un entretien avec toi en m'introduisant sur la liste de tes visiteurs.

Bien à toi et bonne poignée de mains.

ALBERT.

Lettre de Monmousseau au B. P.

16 juillet 1927.

Chers camarades,

Suite à la lettre adressée par Albert Treint au B. P. je formule ci-après une opinion sur cette question.

Treint au cours d'une entrevue sollicitée en des termes dont je vous joins l'original, s'est expliqué avec moi sur nos divergences ; j'estime qu'en effet il n'a pas dit toute sa pensée au B. P. car s'il en était ainsi son utilisation aurait été jugée impossible aussi bien dans un service responsable que dans l'appareil du parti.

Les critiques de Treint sur la ligne de l'I. C. et ses responsabilités en Chine dépassent le caractère d'une critique objective et loyale et reprennent sans l'ombre d'une atténuation le système et la forme appliqués par l'opposition.

Nos explications ont été assez nettes et décisives pour que je prenne la responsabilité personnelle de mes déclarations présentes. J'estime la présence de Treint dans l'appareil du parti comme inopportune et je ne saurais trop inviter le B. P. *a s'armer contre l'éventualité d'une crise prévue par Treint dans l'Internationale et qui,d'après Treint lui-même doit donner en Russie le pouvoir à l'opposition à bref délai.*

MONMOUSSEAU.

Lettre de Costes au B. P.

La Santé, le 16 juillet 1927.

SECRÉTARIAT DU P. C. F.
120, rue Lafayette

Chers camarades,

Vous trouverez ci-joint une lettre de Monmousseau au Secrétariat et une lettre de Treint à Monmousseau.

Cette lettre est motivée par :

1° La réponse aux documents que le Secrétariat nous a fait parvenir à Monmousseau et à moi par l'intermédiaire du camarade Villatte ;

2° Par la visite de Treint à Monmousseau.

Ma position dans la question est celle du camarade Monmousseau, position que les camarades du B. P. connaissent pour me l'avoir entendue formuler au lendemain de la Conférence nationale.

Fraternelles salutations.

COSTES.

Ci-joint les documents envoyés par le Secrétariat, la lettre de Treint à Monmousseau, la réponse de Monmousseau au Secrétariat, la mienne.

Lettre de Treint au B. P.

Paris, le 6 octobre 1927.

Le camarade Treint, membre du C. E. au B. P. du parti.

Camarades,

Mon état de santé ne m'a pas permis d'élever immédiatement contre l'exclusion des camarades Trotsky et Vouïovitch du C. E. de l'I. C. la protestation nécessaire.

Jamais, depuis que l'I. C. existe, une exclusion aussi grave de conséquences n'avait été prononcée dans des conditions aussi inadmissibles.

L'I. C. a exclu Verfeuil et Fabre après avoir fait connaître, discuté à fond et réfuté solidement leurs opinions.

L'I. C. a exclu Serrati après des débats approfondis devant un congrès mondial et l'exclusion a été accompagnée d'une large et loyale expilcation des points de vue en présence.

Dans le parti français, Monatte, Rosmer et Delagarde ont été exclus après avoir eu la possibilité de défendre leur point de vue devant une Conférence nationale extraordinaire du parti. Leur exclusion a été précédée de la publication et de la réfutation dans les *Cahiers du Bolchévisme* de la lettre ouverte dans laquelle ils exposaient leur point de vue. Si à ce moment notre direction commune d'alors eut le tort de ne pas porter activement la discussion et de la pousser à fond devant les organisations de base du parti, du moins chaque camarade a eu la possibilité de juger *pièces en mains, sur les documents authentiques* le véritable point de vue des camarades exclus.

Les camarades Trotsky et Zinoviev ne sont pas, il est vrai, exclus de l'Internationale, mais seulement du C. E. de l'I. C.

Mais il est bien évident que l'exclusion de Trotsky et de Vouïovitch de l'organe dirigeant de l'Internationale est un fait politique beaucoup plus grave et bien plus gros de conséquences que ne fut l'exclusion de Monatte, Rosmer et Delagarde du parti français.

Or l'exclusion de Trotsky et de Vouïovitch a été prononcée sans que la masse communiste dans l'Internationale connaisse une *seule ligne*, de ce qu'ont écrit *véritablement* ces camarades sur les questions essentielles de la politique internationale : situation de l'U.R. S.S., révolution chinoise, lutte contre la guerre et comité anglo-russe.

Le régime intérieur intolérable développé par le groupe Staline dans l'Internationale empêche les divergences politiques de se résoudre par les organes réguliers du parti dont le fonctionnement est faussé.

Le fractionnisme de majorité détermine nécessairement le fractionnisme de minorité.

Le dernier C. C. russe avait promis de publier *pour la discussion* la plate-forme de l'opposition.

Le groupe Staline refuse aujourd'hui cette publication ou du moins l'ajourne en pratique après le moment où les délégués seront déjà désignés pour le congrès russe du 1er décembre. En outre, le groupe Staline émet la prétention de canaliser la discussion selon un plan éludant les problèmes fondamentaux qui font l'objet de divergences de principe.

La rupture des engagements pris au dernier C. C. par le groupe Staline a mis dans l'obligation l'opposition, pour que la discussion ne soit pas escamotée, de diffuser par ses propres moyens sa plate-forme politique, qui en une semaine a recueilli 2.000 signatures.

Le groupe Staline répond par l'emprisonnement des militants, tentant ainsi de noyer l'examen des questions essentielles sous un prétendu complot contre le Parti et contre l'U.R.S.S. et sous la prétention, absolument risible pour ceux qui savent, de défendre le léninisme contre le trotskysme.

En vérité, il n'y a nul complot, mais la défense absolument nécessaire de la part de l'opposition du léninisme authentique contre l'opportunisme staliniste.

Cela sera démontré devant le C. C. et devant le parti français dont les éléments sains voudront *savoir* avant de *juger.*

Le groupe Staline responsable de l'opportunisme pratiqué en Chine et des tragiques conséquences qu'il a engendrées, le groupe Staline responsable de la capitulation de Berlin devant les traîtres du Conseil général en avril dernier, le groupe Staline responsable de ne pas opposer à la croissance des éléments thermidoriens en Russie la politique qu'il faudrait, a exclu Trotsky et Vouïovitch, coupables de défendre le bolchevisme; et il les a exclus en maintenant la masse des communistes dans l'ignorance de la situation réelle et des questions fondamentales véritablement en litige.

Le groupe Staline a osé contre les défenseurs du bolchévisme, ce que le bolchévisme, dans l'intérêt même du prolétariat *qui doit comprendre,* n'a jamais fait contre l'opportunisme ou le centrisme.

Quand on est sûr d'avoir raison, on ne craint pas de s'expliquer devant la masse de l'Internationale et de ses partis. On ne substitue pas aux débats politiques nécessaires des arguties juridiques.

Mais pour éluder une véritable discussion, qui lui serait funeste, le révisionnisme staliniste doit, en agissant ainsi, tenter de masquer sa rupture avec le bolchévisme dans l'espérance d'échapper aux conséquences inéluctables de ses fautes.

On peut brandir dans les articles leaders de l'*Humanité* un article du *Populaire* où Delépine s'élève contre l'exclusion de Trotsky. Si le discours de Trotsky contre la capitulation de Berlin devant les traîtres de droite et de gauche du Conseil général avait publié, jamais Delépine, traître de gauche, n'eût écrit son article.

Et que pèse l'article de Delépine en face des invites de la Social-Démocratie allemande de gauche proclamant l'unité politique possible avec les stalinistes à condition qu'ils se séparent de l'opposition, que pèse l'article de Delépine en face des exortations de presque toute la presse capitaliste et réformiste du monde entier adjurant Staline d'exclure l'opposition de l'Internationale et du Parti russe.

Pourquoi le B. P. français, qui, à défaut de la presse étrangère, lit le *Matin* et le *Temps,* cache-t-il ces faits qui sont la règle pour brandir un article exceptionnel de Delépine démontrant seulement l'ignorance de celui-ci.

Est-ce cela informer le parti, lui dire la vérité ?

La vérité sera dite. Chaque ouvrier du parti doit la connaître.

Et la vérité communiste balayera le mensonge opportuniste.

Je vous prie de porter la question des exclusions de Vouïovitch et de Trotsky à l'ordre du jour du prochain C. C.

Je vous prie de publier la présente protestation dans l'*Humanité* et dans la presse du parti, ainsi que de la transmettre au C. E. de l'I. C. à titre de déclaration de vote.

Membre de l'Exécutif et du Présidium de l'I. C., tenant mon mandat du 5ᵉ congrès mondial, je vote *contre* l'exclusion des défenseurs du bolchévisme par les partisans de l'opportunisme staliniste.

A. TREINT.

COMITE CENTRAL DES 10 ET 11 SEPTEMBRE

Déclaration écrite de Treint

Déférant au désir de la C. P. et considérant que la forme sous laquelle j'ai présenté mon point de vue dans ma déclaration du 4 août au C. C. ne correspondant pas exactement au fond politique de ma pensée et peut permettre, aux adversaires du parti, une exploitation dangereuse, je demande au C. C. de me donner la possibilité de rédiger une nouvelle déclaration exprimant l'intégralité de mon point de vue politique sous une forme acceptable pour la discussion et ne présentant pas, en cas de publication, les inconvénients signalés.

A. TREINT.

***

Le Comité Central enregistre la déclaration du camarade Treint de rédiger un nouveau texte concernant la politique de l'I. C. en Chine, dans l'insurrection autrichienne ainsi que sur le régime intérieur du P. C. R., modifiant le caractère du texte produit sur ces questions au C. C. du 3 août.

Cependant le C. C., au cours de la discussion qui se poursuivra, indique que le document écrit par le camarade Treint au C. C., du 3 août ne doit pas être considéré comme nul et non avenu et, sans être rendu public, servira avec les autres matériaux dans les discussions qui suivront.

RAPPORT DE BOUTHONNIER AU C. C. DU 9 ET 10 NOV.

Vous savez dans quelles conditions s'est ouvert le débat sur l'opposition dans la nuit d'hier à aujourd'hui.

Je vous rappelle quelle a été la raison de la décision qui fait que nous recommençons la séance du C. C. aujourd'hui : Treint et Suzanne Girault n'étaient pas présents à la séance d'hier, et cependant ils avaient reçu une convocation.

Notre camarade Treint s'est présenté hier dans l'après-midi au secrétariat du parti, et on lui a indiqué qu'il pourrait assister à la séance de nuit s'il le désirait. Il a déclaré qu'il ne voulait pas se rendre à cette parodie de C. C.

Je pense que la discussion sur l'opposition en France, c'est-à-dire sur le cas de notre camarade Treint, se déroulera en l'absence de ce dernier. En réalité, il aurait pu venir hier au C. C. puisqu'on lui a offert de l'y amener.

Au dernier C. C., le B. P. avait proposé l'exclusion de Treint. Cette exclusion était justifiée. Avec habileté, Treint a su jouer de sentiments, et il a déclaré qu'il ne fallait pas tenir compte de ses écarts de langage, et qu'il était prêt à rectifier le ton de sa lettre, de telle sorte que le C. C. a cru, devant ses déclarations qu'il a d'ailleurs confirmées par écrit, devoir ajourner la décision et reprendre les débats à une prochaine session du C. C. C'est ce qui avait été décidé pour aujourd'hui. Mais la proposition du B. P. se trouvait ainsi justifiée puisqu'aujourd'hui des faits nouveaux se sont produits, qui permettent de se rendre compte de la sagesse de la proposition qu'il avait faite.

En effet, vous avez dans le dossier qui vous a été remis, toutes les pièces à l'appui.

Treint a d'abord profité de notre absence de réaction à son égard au dernier C. C. Il a pensé que le C. C. était faible, que la direction du parti cédait à sa pression et, alors, ouvertement, il a pratiqué un travail fractionnel. C'est ainsi qu'il est entré en pourparlers avec la fraction des bordighistes italiens qui était à Paris, et maintenant en Belgique, et qui travaille contre l'Internationale. Il a demandé à avoir des discussions avec ses camarades. Nous avons la correspondance qui le prouve. D'autre part, il a essayé, par l'intermédiaire d'organisations syndicales, par l'intermédiaire du S. R. I., de toucher des camarades du parti. C'est ainsi qu'il y a quelque temps, il s'est adressé, par l'intermédiaire de Barré, à Niles, pour obtenir du secrétaire de la 20e Union Régionale les adresses des militants responsables des syndicats. Ces adresses lui ont été refusées par notre camarade qui s'est rendu compte du but des démarches de Treint. Nous avons la preuve que Treint a été en relations avec des camarades du parti appartenant au S. R. I.

Un camarade de Reims, militant des Jeunesses, le camarade Gauthier, a été également en possession de documents émanant de l'opposition et venant de la part de Treint.

D'autre part aussi, sous le couvert de Gaston Faussecave, qui a signé la publication, est parue une brochure intitulée « L'opposition de gauche dans l'I. C. ». Un très grand nombre de camarades des syndicats, du parti, ont reçu cette brochure. Elle contient le manifeste des 83. Les documents sur l'opposition seront publiés dès que le C. C. décidera d'ouvrir la discussion dans le parti.

Nous avons reçu également une lettre de Guillot, nous indiquant qu'un des membres du bureau régional, secrétaire du S. R. I. départemental, avait été lui aussi touché par cette brochure. A cette brochure, était annexée une feuille volante, donnant l'adresse de Faussecave et demandant à ces camarades de lui écrire.

Treint a été plus loin. Il a essayé, par l'organe de l'A.R.A.C., de défendre la position de l'opposition russe. Nous avons ici non pas la copie de l'article destiné à paraître dans le journal, mais l'original lui-même et les camarades pourront constater la véracité de nos affirmations. Dans certains passages Treint indique que Trotsky est le continuateur de Lénine, et que la direction actuelle du P. C. R. fait des fautes graves et liquide en quelque sorte la Révolution.

Il faut joindre à ce matériel qui prouve le travail fractionnel de l'opposition de Treint, un autre document qui émane de la droite du parti. C'est un appel en faveur de Trotsky, de Zinoviev, de Vouïovitch, de Préobrajensky.

Nous ne pouvons pas dire qu'il y a une liaison réelle entre l'opposition du groupe Treint et du groupe Paz. Mais la coincidence de leur action prouve qu'ils travaillent dans le même sens, et c'est pourquoi, en ce qui concerne les sanctions, nous vous demanderons de les associer dans la même mesure.

Camarades, les faits que je viens de vous citer et dont vous avez la preuve annexée au dossier, prouvent le travail fractionnel de Treint et de ses amis. Nous pensons qu'il y a lieu pour le C. C. de prendre des mesures disciplinaires sérieuses, parce qu'actuellement, si nous permettons à Treint, qui est en liaison avec l'opposition internationale, qui est ici l'agent de Ruth Fischer-Maslow, de continuer son travail fractionnel sur une plus grande échelle, nous allons évidemment à des difficultés très graves à l'intérieur du parti.

Nous n'entendons pas du tout étouffer la discussion. Bien au contraire. Il a été décidé que tous les documents relatifs à l'opposition, les documents mêmes de l'opposition — comme la plateforme de l'opposition russe — seront réunis en un volume qui est en préparation et remis à tous les membres du parti avec la reponse de la direction de l'I. C., du parti russe et du parti français.

Nous avons pensé d'ailleurs qu'il était nécessaire que la discussion s'ouvre très largement dans le parti, avant même le congrès du parti russe qui doit avoir lieu, je crois, fin décembre. A partir du 15 décembre, nous pensons avoir tout ce matériel imprimé ; il sera largement diffusé dans le parti. D'ailleurs, comme il a été décidé hier soir, dans les réunions des comités régionaux qui sont prévues au cours de ce mois, nous aurons l'occasion d'ouvrir le débat sur cette question, et les camarades étant en possession des documents pourront prendre toutes décisions utiles à cet égard.

Mais nous pensons que, dès maintenant, le C. C. doit approuver les mesures qui ont été prises par le P. C. russe à l'égard de Trotsky, Zinoviev et du bloc opposition.

Nous pensons également qu'aujourd'hui même, sans attendre davantage, nous devons exclure le camarade Treint du C. C. Il n'est pas présent, mais nous devons d'abord le frapper parce que les faits sont indiscutables, avec cependant la possibilité pour lui de venir au prochain C. C. se défendre s'il le juge nécessaire. Le parti n'a aucun intérêt, aucune raison d'empêcher Treint de se défendre. Nous avons fait l'effort maximum pour le toucher, pour le rencontrer et l'amener devant le C. C. Je crois qu'il s'agit de sa part d'une manœuvre. Eh bien, nous prendrons librement la sanction qui convient et nous lui demanderons par la suite de venir s'expliquer devant le prochain C. C. D'ailleurs, nous avons déjà discuté cette question à fond ; vous avez déjà la documentation qui vous permet de vous faire une idée sur le fond. Il n'en demeure pas moins ce fait, qu'un membre du C. C. ayant joué le rôle de Treint, ayant combattu le travail fractionnel dans le parti communiste, ayant exigé une discipline de fer — comme il le disait — (vous vous rappelez son expression de « bloc monolitique du parti bolchévik »), ce camarade se livre à un travail fractionnel avéré, et il a déclaré au camarade G... qu'il ouvrirait la discussion lui-même devant le parti. Il est donc décidé à aller encore plus loin dans la voie du travail fractionnel.

Le parti ne peut tolérer cela.

C'est pourquoi nous vous proposerons tout à l'heure, en clôture du débat sur la question de l'opposition internationale et de Treint et ses amis, une résolution qui sanctionnera tous ces cas.

RESOLUTION SUR L'OPPOSITION

(Adoptée par le Comité du P. C. F. dans sa séance du 9 novembre 1927.)

Le C. C. flétrit l'activité fractionnelle continuée par l'opposition russe malgré des avertissements répétés.

Dans son hostilité à la ligne fondamentale du P. C. de l'U.R.S.S. et de l'I. C., elle va jusqu'aux pires crimes contre la discipline la plus élémentaire et jusqu'à jeter les bases d'un deuxième parti, gauche en paroles, menchéviste en fait.

Le P. C. de l'U.R.S.S. et l'I. C., qui suivent une politique juste et léniniste, ont le devoir, pour assurer la défense et la victoire de la Révolution, de ne plus tolérer les menées de l'opposition qui a manqué à ses engagements de respecter la discipline du parti et a répondu aux efforts faits pour la ramener dans la bonne voie par des attaques renforcées.

Le C. C. approuve donc entièrement les mesures prises par le P. C. russe et l'I. C. contre les chefs de l'opposition — surtout l'exclusion de Trotsky et de Zinoviev du C. C. de l'U.R.S.S.

Le C. C. signale que l'opposition russe cherche à étendre son travail fractionnel et antiparti à l'échelle internationale. Elle se rallie, dans ce but, aux pires éléments expulsés de l'I. C. comme Ruth Fischer, Maslow en Allemagne, des éléments liquidateurs en Autriche, aux Souvarine et aux Monatte en France. Elle cherche à créer ainsi dans chaque parti une fraction agissant dans le même sens désorganisateur qu'elle.

En France, Treint, notamment, depuis son retour, n'a cessé de faire un travail fractionnel.

Il a, par exemple, avant le C. C. d'août, remis au camarade Leboursier copie d'une lettre destinée au C. E. de l'I. C. sans que la direction du parti en soit informée ; il a entamé, d'accord avec le groupe Ruth Fischer-Maslow, des pourparlers avec le groupe de Bordiga en France ; il a essayé, avec le concours de Barré, d'obtenir les adresses des militants responsables des syndicats de la XXe région unitaire ; il a, sous le couvert de Gaston Faussecave, publié des documents de l'opposition dans une brochure intitulée *L'opposition de gauche dans l'I. C.* et qu'il a répandue en France ; enfin, il a cherché à utiliser l'organe de l'A.R.A.C. pour soutenir la politique de Trotsky.

De telles pratiques constituent de toute évidence une action fractionnelle caractérisée.

Treint, au Comité central du 11 septembre, avait pris l'engagement de présenter sa thèse sous une forme plus objective, moins injurieuse et outrancière qu'il l'avait fait au C. C. d'août. Il n'a pas tenu cet engagement.

Ses déclarations au C. C. de septembre, bien qu'atténuées dans l'expression, constituaient cependant un acte de solidarité avec les pires attaques de l'opposition contre l'I. C. et le P. C. russe. Leur esprit et leur ligne politique se trouvaient en profonde contradiction avec la ligne fondamentale de l'I. C. et de notre parti, à tel point qu'elles ont été publiées et diffusées par les renégats du type Maslow et des liquidateurs d'Allemagne et d'Autriche.

Il est donc hors de doute que la proposition présentée en septembre dernier par le B. P. d'exclure Treint du Comité Central, se trouve pleinement justifiée par les faits nouveaux d'ordre fractionnel précédemment cités et dont l'exceptionnelle gravité ne saurait échapper au C. C.

En conséquence, le C. C. décide d'exclure Treint du C. C. et déclare que cette sanction doit être considérée comme un avertissement suprême à son égard, et demande à l'I. C. son exclusion du C. E. de l'I. C.

Le C. C., en outre, invite Treint, Barré, Gaston Faussecave, ainsi que les camarades Georges Birard, Delfosse, Paz, Hasfeld, Madeleine Marx, qui se sont publiquement solidarisés d'une façon fractionnelle avec l'opposition russe, à cesser immédiatement tout travail fractionnel sous peine d'être déférés devant la C. C. aux fins d'exclusion.

***

Cette résolution a été votée à l'unanimité. Les oppositionnels étaient absents, ayant déclaré, lors de leur convocation, qu'ils ne reconnaissaient aucune autorité à une « parodie de Comité Central ».

LE COMITE ANGLO-RUSSE ET LE FRONT UNIQUE SELON L'OPPOSITION

Selon l'opposition, la C.G.T. russe a eu tort de rester dans le Comité anglo-russe après la grève générale anglaise de mai 1926. Elle n'aurait pu le faire qu'en abandonnant toute critique, indispensable des leaders trade-unionistes traîtres. Elle aurait, et le P.C. de l'Union soviétique, et le C. E. de l'I. C. en même temps bien entendu, voulu maintenir à tout prix ce Comité, en capitulant sans cesse devant les social-démocrates de Grande-Bretagne et en trahissant les principes bolchévistes essentiels. Cela parce que la fameuse « direction Staline » voyait dans l'existence de cette alliance avec des chefs réformistes le seul obstacle aux dangers de guerre contre l'Union soviétique.

I. *L'opposition pensait autrefois beaucoup de bien du Comité anglo-russe, et attendait de grandes choses de ses participants britanniques.* Au 5e congrès, Zinoviev posait la question de savoir d'où viendrait le mouvement communiste de masses en Angleterre, du petit parti de Mac Manus ou « d'une autre porte » celle des Purcell, Hicks, etc. Ceux-là étaient donc, selon Zinoviev, susceptibles d'amener les masses britanniques à l'I. C.

Au 14e Congrès du P.C.R., Zinoviev soulignait l'importance du rapprochement « une des garanties la plus importante contre l'intervention ». A la commission du C. E. de l'I. C. sur la question allemande, en septembre 1925, il déclarait : « Même un aveugle voit que la liaison avec les Anglais est l'axe de la politique de l'I. C. Cela a été une question de vie ou de mort pour le mouvement ouvrier européen. »

Treint lui-même semble bien avoir eu d'aussi grands espoirs, bien qu'à l'époque il fût un farouche pourfendeur de l'opposition trotskiste. Dans ses thèses sur la situation internationale présentées à Clichy, il écrivait : « Dans l'Internationale d'Amsterdam un mouvement de gauche se dessine qui tourne les yeux, non vers notre droite internationale, mais vers le C. C. du parti russe et vers la direction bolchévique de l'I. C. »

Zinoviev et ses amis avaient en réalité de grandes illusions dans les *chefs* anglais. Pour eux, le C. A. R. était un bloc au sommet, un « accord temporaire entre chefs. » Zinoviev, au C. C. du parti russe, le 3 octobre 1925, disait : « *ces gens-là,* dans leur développement, s'orientent de plus en plus de notre côté. *L'accord avec ces gens-là* est absolument nécessaire ».

Il ne savait donc pas du tout qui étaient *ces gens-là ?* Il a même mis longtemps à s'en apercevoir. Pendant la grève générale, Zinoviev écrit : « Le danger principal qui menace ce brillant mouvement *vient des chefs de droite* du mouvement syndical... Les communistes du monde entier soutiendront entièrement *le Conseil général des syndicats anglais* si celui-ci exprime la volonté des masses ouvrières. » Le 26 juin, après la trahison, il écrivait : « La lutte contre les illusions réformistes est actuellement la tâche la plus importante en Angleterre. La grève a *préparé* le terrain pour cette lutte. Il s'agira de montrer aux masses ouvrières que les réformistes de gauche mènent en réalité la même politique que Thomas ».

Donc, même à cette époque, d'après Zinoviev les masses anglaises étaient loin d'être convaincues, et pour les convaincre il ne préconisait pas la rupture du C. A. R., geste brillant, mais inopérant, puisque le terrain était seulement *préparé* pour l'explication.

L'erreur capitale des oppositionnels est d'avoir misé sur les chefs trade-unionistes de « gauche ». Le jour où ceux-ci ont flanché, ils n'ont plus pensé aux masses anglaises et ont éprouvé une immense désillusion, d'où un retournement à 180° de leur fausse politique. Leur front unique, c'était celui de Tomski avec Hicks, Citrine, Purcell, Bramley, et non celui des millions de syndiqués des deux pays.

II. Jamais nos camarades russes n'ont abdiqué leur droit de critique vis-à-vis des dirigeants traîtres des trade-unions.

Dès après la grève, le Conseil central des syndicats soviétiques lançait un manifeste condamnant ouvertement la trahison et conseillant aux ouvriers anglais de destituer tous les chefs briseurs de grève des postes syndicaux.

« Nous estimons de notre devoir de déclarer, en face de tout le prolétariat international, que cette défaite est le résultat de la tactique traîtresse des « héros » du vendredi noir, des chefs de la droite du parti travailliste et du C. C., ainsi que de la capitulation de l'aile gauche du C. C. qui porte une responsabilité bien plus grande dans la défaite ».

Peu après, le P.C.R. répondait au P.C. britannique qui avait manifesté des craintes d'une rupture en raison de trop vives critiques :

« Notre parti a accepté et accepte des blocs de ce genre, mais jamais au prix d'un renoncement à son droit de critique intégrale et illimitée de ses adversaires et de ses ennemis. Si la C.C.S.U.S. avait évité de condamner la trahison de la grève générale pour maintenir à tout prix le comité anglo-russe, elle se serait mise en contradiction avec les principes fondamentaux du bolchévisme ».

Aux séances du C.A.R. du 30 juillet 26 à Paris et du 23 août 26 à Berlin, les Anglais ont voulu faire porter toute la discussion sur la nécessité de désavouer les critiques ci-dessus Nos camarades ont refusé fermement et lutté pour faire mettre en tête de l'ordre du jour l'aide aux mineurs anglais. Ils ont répété leurs critiques et revendiqué leur droit absolu d'appréciation (rapports d'Andréieff au C.C. de la C.G.T. russe).

A Berlin, la délégation russe a proposé et défendu une résolution contenant ces termes : « Une telle attitude de la délégation anglaise ne peut signifier que la continuation de la passivité du C.C. qui mène à l'isolement des mineurs. » En conclusion des rapports, les syndicats russes notent un texte envoyé au C.A.R. disant : « L'attitude de la délégation anglaise n'est que la continuation de cette ligne de capitulation et de sabotage de la lutte des masses ouvrières suivie par les chefs du Conseil général. »

En septembre 26, les syndicats russes adressent un appel au congrès des Trades-Unions (qui y fut lu) stigmatisant la « tactique impardonnable des chefs du C. C. pendant la grève générale », leur reprochant de l'avoir « étranglée », etc., détaillant toutes les carences des représentants britanniques au C.A.R. dans la question de l'aide aux mineurs.

A la dernière réunion du C.A.R. (avril 27) Tomski reconnaît qu'une concession importante a été faite, mais elle a permis de faire s'engager les Anglais à lutter contre le danger d'une agression contre l'Union soviétique, pour l'unité internationale, pour le renforcement de l'aide mutuelle contre le capitalisme — engagements non tenus, mais qui devaient permettre de démasquer une fois de plus les traîtres sur des questions fondamentales.

D'ailleurs, il n'y eut aucun renoncement au droit de critique. On ne peut examiner la conférence de Berlin que dans sa liaison étroite avec :

1° Une interview de Tomski à la presse russe et étrangère en mai 1927 critiquant avec véhémence les leaders anglais qui ne s'opposaient pas au bill syndical et rappelant leurs trahisons précédentes.

2° L'appel des syndicats soviétiques aux ouvriers de l'U. S. et de Grande-Bretagne du 28 juin.

D'où protestations écrites de Citrine demandant une rectification. Tomski répond à Citrine : « Je m'élève contre toute velléité — émanant de qui que ce soit — de limiter ma liberté d'opinion ou de vouloir exercer un contrôle sur mes paroles. Je ne me tiens aucunement lié dans l'expression de mes opinions politiques par aucune des résolutions du C.A.R. Il serait naïf de croire que je pourrais reconnaître n'importe quelle de ces résolutions si elle me demandait de renoncer à mes convictions. Il serait monstrueux de vouloir interpréter de cette façon les résolutions de Berlin... »

Le 28 juin, Tomski critiquait ainsi : « Nous disons aux ouvriers anglais : vos chefs font une politique criminelle qui aboutira à la dissolution du C.A.R., ils trahissent de nouveau. Est-ce que la classe ouvrière d'Angleterre peut se solidariser avec une politique qui se dirige contre les ouvriers russes ? Nous n'avons aucune confiance dans les chefs, mais nous croyons dans les masses. » Ce fut le sens de l'appel cité plus haut, qui s'adressait surtout aux ouvriers anglais.

III. *Pour et contre le front unique.*

Ce ne sont là que quelques exemples, tirés de documents officiels, des critiques russes à l'adresse des chefs traîtres anglais du C.A.R. Il reste vrai que nos camarades ont fait leur possible, sans aucune abdication de principe de leur part, pour que l'initiative de la rupture du C.A.R. ne vint pas d'eux. Ont-ils bien fait ?

Pour eux comme pour nous, ils ont voulu maintenir l'existence du C.A.R. comme *lien entre les masses ouvrières,* un canal non entre chefs, mais entre millions d'ouvriers des deux pays. Le *Times* du 12 juillet 1927 jugeait ainsi le maintien du C.A.R. : « Les chefs des syndicats anglais portent la responsabilité, aussi bien de la fondation que de l'existence du C.A.R. qui *offre un point d'appui excellent pour une attaque contre les traditions et les principes des syndicats anglais.* »

Dès avril 25, lors de la constitution du C.A.R., nos camarades savaient qu'il faudrait des compromis. « La déclaration commune ne donnait pas satisfaction aux syndicats russes, mais elle est *parvenue à des millions d'ouvriers anglais.* »

Fallait-il rompre après mai 26 ? Le C. C. des T.-U. ne demandait que cela, mais sans en prendre l'initiative, tant l'idée du C.A.R. était populaire dans les masses anglaises.

Les ouvriers anglais avaient mal compris le caractère, l'ampleur de la grève générale, et sa défaite par conséquent. Il fallait obliger le C. C. à se démasquer sur des questions plus claires pour les masses : aide aux mineurs, préparation de la guerre, leçons de choses supérieures ; le laisser prendre la responsabilité de la rupture sur un point capital.

L'ouvrier anglais ne se contente pas de phrases injurieuses et de mots bruyants, il veut des *faits* nets. Il ne suffit pas toujours de démasquer une seule fois les opportunistes, sans quoi ils seraient tous morts dans le monde déjà ; il faut être sans cesse à leurs trousses, marquer toute hésitation, toute trahison. Nos camarades russes ont montré par des faits aux ouvriers anglais ce que pouvait être le C.A.R. dans la lutte contre le capitalisme, et qui sabotait ces possibilités. Ils n'auraient pu le faire hors du C.A.R.

D'ailleurs, la *thèse de la sortie en général est fausse* (voir les thèse du B.P. du P.C.R. adoptées par le C.E. de l'I.C. au début de juin 1926, *Correspondance Internationale* n° 74). Cette théorie de la sortie démonstrative fut avancée pour la première fois par les oppositionnels à un C. R. de la région berlinoise en juillet 26, sous cette forme : « Il ne peut plus y avoir d'accord, ni de front unique entre le Conseil général des T.-U. et l'I. C. ». Conception évidemment fausse : le C.A.R. était un accord entre syndicats de masses et non entre partis politiques, et la tactique n'est pas la même (voir Lénine, Maladie Infantile, sur les ruptures avec les social-démocrates et le maintien dans les soviets et les syndicats).

S'il suffisait de constater simplement la trahison des chefs anglais pour nous décider à sortir du C.A.R., cet *argument vaudrait également en ce qui concerne les syndicats.* Il eut été à l'époque un encouragement néfaste à la tendance à la sortie des syndicats qui se manifestait en Grande-Bretagne, sous prétexte de ne pas « cotoyer la trahison ».

Si l'on ne peut siéger dans un même comité avec les réformistes traîtres, alors il ne faut pas poursuivre la lutte pour l'unité syndicale qui nous obligera bien à de tels contacts. Ou bien il faut exiger comme condition à la formation d'une Internationale syndicale unique qu'il n'y aura plus de chefs réformistes ou qu'ils ne trahiront jamais plus ! Bien entendu, les conditions de cette unité, indispensables pour nous, sont : la complète liberté de critique et l'absence de toute diplomatie secrète. Nos camarades russes ne les ont-ils pas tenues ?

On ne peut examiner cette question du front unique d'un point de vue subjectif, comme le faisait Zinoviev. Peu importe si Purcell et Hicks nous dégoûtent, il ne s'agit pas d'une alliance avec leurs personnalités, mais avec les masses et en dépit de leur volonté. Il s'agit de fortifier la liaison entre ouvriers russes et ouvriers anglais, en aidant ceux-ci à voir clair dans la politique de leurs chefs. Le front unique ne se fait pas ou ne se rompt pas suivant l'appréciation que nous portons sur les qualités personnelles des participants. Pas de sentiment : ou il faut conclure des alliances — sans renoncer à notre liberté de critique et à nos programmes — avec des organisations dirigées par des réformistes, ou il faut *renoncer complètement à la tactique du front unique* et la remplacer par des hurlements contre les chefs réformistes.

L'opposition recule en réalité devant les difficultés du front unique, devant la lutte constante, patiente qu'il implique. C'est son développement seul qui permet, en poussant les social-démocrates à l'action, d'accumuler devant les masses qui les suivent les preuves de leurs trahisons. L'opposition a peur, comme disait Lénine de « patauger dans le fumier ». Il était cent fois plus facile de sortir du C.A.R. en beauté, mais en vain, que d'y rester pour y manœvrer sans répit au profit de la radicalisation des masses anglaises. Les critiques insensées de l'opposition, sur ce terrain comme sur d'autres, masquent son pessimisme et son défaitisme. Son « impatience hystérique » équivalait à une sortie majestueuse suivie d'une inactivité complète. Un geste de « gauche » puéril, mais une passivité de droite coupable !

LA QUESTION CHINOISE

Dans ses déclarations précédentes sur la Révolution chinoise, le camarade Treint porte contre les dirigeants de l'I. C. des accusations (qui lui valurent l'exclusion du C.C.), se résumant dans cette formule : « L'opportunisme a les mains tachées du sang des ouvriers chinois. » Les autres opposants ont tenu « à se déclarer complètement solidaires des opinions politiques exprimées par Treint dans sa déclaration ». L'ensemble de l'opposition a donc la même appréciation des évènements de Chine.

Elle les renouvelle en accusant l'I. C. d'avoir violé les décisions du IIe Congrès sur la question nationale et de ne pas les avoir appliquées en Chine.

Voyons les principales accusations :

1°) L'indépendance du P. C. n'a pas été sauvegardée vis-à-vis du Kuomintang. C'est là une calomnie sans plus. Lorsqu'en 1924 les communistes sont entrés dans le Kuomintang sur décision du Comintern, il fut entendu qu'ils conserveraient leur indépendance.

Le parti communiste qui comptait à l'époque 900 membres ne cessa de se développer jusqu'à plus de 50.000 membres, de publier ses organes théoriques, de réunir ses conférences particulières, ses congrès. Depuis son adhésion au Kuomintang, le parti communiste chinois ne cesse d'avoir son activité propre dans les organisations ouvrières et paysannes. Est-ce que cette indépendance organique était suivie d'une indépendance politique aussi grande ? Non. Il existait parmi les chefs du P. C. les plus autorisés de l'époque une tendace très nette à mettre la collaboration avec les éléments bourgeois, petits bourgeois, militaristes, au-dessus de toutes les autres tâches du parti. Le 2e Exécutif qui avait prévu l'évolution ultérieure des forces bourgeoises avait donné comme directive au P. C. chinois : le renforcement de son autorité propre et l'affirmation plus nette de son indépendance. Ce n'est qu'au prix d'une lutte sérieuse et par des changements importants dans la direction du P. C. chinois que l'I. C. put parvenir à faire appliquer ces directives.

2° *L'indépendance et l'hégémonie du mouvement ouvrier* n'ont pas été assurées dans le mouvement par suite de la tactique de l'I. C., dit l'opposition. Rappelons que le mouvement ouvrier passa, grâce à la tactique de l'I. C., de 200.000 ouvriers organisés en 1924 à plus de 3.000.000 en 1927.

C'est parce que le P. C. chinois s'est mêlé intimement au mouvement national-révolutionnaire qu'il a réussi à transformer le Kuomintang de 1924 en un grand mouvement de masse en 1927, reposant sur des millions d'ouvriers et des millions de paysans organisés.

Au cours de cette période, la place du prolétariat dans le mouvement national devint de plus en plus grande au détriment des autres couches sociales et notamment des éléments bourgeois qui commencèrent à osciller entre l'impérialisme et la révolution nationale, des étudiants dont le rôle primordial des débuts révolutionnaires se trouva subitement diminué.

Les grandes grèves qui éclatèrent à Changhaï en 1925 annoncèrent à toute la Chine une nouvelle vague révolutionnaire. Elles montrèrent au mouvement nationaliste de Canton qu'il était temps de s'élargir vers le Nord. L'immense grève de Canton-Hong Kong qui dura jusqu'en mars 1927, la reprise des concessions de Hankéou et Kiutiang par les masses ouvrières, mirent partout la classe ouvrière au premier plan de la lutte. L'accroissement des forces ouvrières organisées, l'augmentation de leur rôle spécifique dans la lutte contre l'impérialisme, l'approfondissement de leur lutte dans le camp national contre la bourgeoisie chinoise, ainsi que les revendications paysannes poussèrent la bourgeoisie, partiellement d'abord (scission de Chang-Kaï-Chek) puis complètement dans le camp de la contre-révolution. C'est parce que le mouvement ouvrier augmentait chaque jour sa force et son indépendance que la bourgeoisie trahit et non à cause du contraire. Comment l'opposition peut-elle expliquer cette trahison autrement que par la crainte du prolétariat et des paysans.

Si le mouvement ouvrier avait été dépendant d'elle, selon la thèse de l'opposition, pourquoi l'aurait-elle opprimé au lieu de l'utiliser ? L'opposition ignore-t-elle que la lutte contre les communistes en Chine était un épisode de la lutte pour les masses, car la bourgeoisie se rendait compte après l'expérience de 1924 à 1927 que sans les masses on ne pouvait conquérir l'indépendance du pays. (Les tentatives de Chang-Kaï-Chek pour former des « syndicats sans communistes » sont significatives à cet égard).

Toute la politique de l'I. C. fut de renforcer le rôle du prolétariat, d'assurer son hégémonie politique et organique dans le mouvement national. Après le départ de la bourgeoisie — prévue dans les thèses depuis décembre 1926 — l'I. C. a montré au P. C. chinois que le prolétariat devait devenir la classe animatrice du bloc des trois classes (prolétariat, paysannerie, petite bourgeoisie). C'est même dans la mesure où son armement, son organisation, deviendront forts, que le prolétariat maintiendra son hégémonie dans le mouvement. L'I. C. a-t-elle préconisé cette politique ? Incontestablement. Ses directives quasi-quotidiennes préconisent énergiquement *l'armement des ouvriers,* l'entrée des ouvriers dans l'armée, la réorganisation du Kuomintang par l'adhésion collective des syndicats et des unions paysannes, la lutte nécessaire pour l'amélioration du niveau de vie des masses ouvrières, la nationalisation des usines des impérialistes, puis de celles des bourgeois C'est dire que toute la politique de l'I. C. tendait à renforcer politiquement et économiquement la classe ouvrière. L'application de ces mesures a rencontré des difficultés : l'inexpérience du parti chinois, l'opportunisme de sa direction. Ce que l'opposition ne dit pas, c'est que sans cesse l'I. C. et ses délégués luttèrent contre ces défauts du P. C. chinois.

3° *Propagande et création de Soviets.*

L'opposition française accuse l'I. C. d'avoir violé les indications de Lénine sur le mot d'ordre des Soviets. Lénine a toujours montré qu'il fallait être très prudent dans la réalisation de ce mot d'ordre. En 1916, il indiquait aux ouvriers russes que le moment n'était pas venu de le crier. Et que l'on ne pouvait le faire sans danger.

Dans les thèses du 2ᵉ congrès, il écrit notamment : « Les Soviets sans révolution prolétarienne dégénèrent en parodie ». Il est donc bien entendu dans les rangs de l'I. C. qu'on ne crée pas de Soviets à n'importe quel moment. Il est entendu aussi que la création de Soviets implique la lutte pour la dictature du prolétariat. C'est là l'enseignement essentiel de Lénine sur la question. L'opposition française, dépassant en cela tout ce qui a été dit par l'opposition russe, reproche à l'I. C. de n'avoir pas fait la propagande pour les Soviets depuis le début de la Révolution nationale.

L'opposition française oublie que la politique de l'I. C. en Chine fut dirigée jusqu'en 1926 par le camarade Zinoviev qui ne prononça pas un mot sur cette question. Trotsky ne lança ce mot d'ordre qu'en février 1927. Pourquoi ? Parce que contrairement à leurs amis de France, les chefs de l'opposition internationale pensent que la propagande pour les Soviets, ainsi que leur création, ne doit être faite qu'en une certaine étape du développement révolutionnaire. Sans cela, ils auraient porté contre l'I. C. l'accusation que porte actuellement Treint et auraient proposé depuis longtemps le mot d'ordre des Soviets.

D'ailleurs la question des Soviets fut posée et clarifiée au congrès du P. C. chinois en avril 1927. Le délégué de l'I. C., le camarade Roy, l'un des auteurs des thèses du 2ᵉ congrès, explique la conception communiste du rôle des Soviets. « En Chine, nous aurons des Soviets pour accomplir les tâches de la Révolution prolétarienne et pour construire le socialisme. Actuellement, nous sommes dans l'étape de la Révolution démocratique, la tâche du parti, c'est de créer les organismes du pouvoir démocratique ». Les organismes devaient être constitués par le Kuomintang réorganisé par l'adhésion collective des unions paysannes, des syndicats, et autres forces démocratiques des villes. C'est le développement, malheureusement pas assez énergique, de cette politique qui assura cependant le pouvoir aux unions paysannes dans un certain nombre de districts, qui assura le développement des organisations ouvrières, leur armement partiel dans un certain nombre de villes. La tactique de l'I. C. créait les conditions objectives pour passer à une autre étape de la Révolution : l'étape soviétique ; celle de l'opposiprématurément qui voulait proclamer le mot d'ordre des Soviets aurait été un isolement plus rapide du prolétariat, tandis que la tactique de l'I. C. a permis, pendant l'étape courte du Bloc des trois classes, de continuer sa préparation en le développant. L'erreur de l'opposition est de ne pas voir que la tactique de l'I. C. a permis — dans des circonstances données — d'assurer au prolétariat le maximum d'organisation et de cohésion, tandis que la création des Soviets aurait isolé le prolétariat moins bien organisé encore des forces démocratiques qui temporairement livraient la lutte à la droite scissionnée du Kuomintang, dirigé par Chang-Kaï-Chek. Comme dans l'étape précédente de la révolution, c'est l'approfondissement de la lutte ouvrière et principalement de la révolution agraire qui a déterminé les forces militaires et petites bourgeoises à se retourner contre la masse ouvrière et paysanne. C'est l'accroissement de leurs organisations, de leur influence, et surtout de leurs revendications qui poussa les petits bourgeois dans l'autre camp. A partir de ce moment les seules forces restant en ligne pour la Révolution étaient les ouvriers et les paysans.

Après ce changement du rapport des forces, il était possible et nécessaire de conduire le nouvel essor sous le mot d'ordre des Soviets.

Certes, cette nouvelle rupture dans le front national révolutionnaire aurait pu être plus avantageuse pour nous, non pas comme le croit l'opposition en formant des Soviets plusieurs mois auparavant, mais en appliquant strictement la politique de l'I. C. La formation de Soviets exige que le prolétariat soit déjà suffisamment fort et préparé. Or, la politique de l'opposition l'aurait isolé avant une préparation suffisante comme il le fut à Changaï, en avril 1927. Celle de l'I. C. lui donnait, en le faisant participer aux luttes nationales révolutionnaires, la possibilité d'une meilleure organisation et d'un meilleur armement. On sait que le P. C. chinois ne suivit pas les directives de l'I. C. A certains moment il s'opposa même à elle. L'attitude des ministres communistes du travail — et surtout de l'agriculture — dans le gouvernement d'Ouhan qui refusaient d'en appeler aux masses par-dessus la tête du gouvernement, la passivité de certains communistes militants syndicaux pendant le désarmement des piquets à Hankéou en juin, en sont la meilleure illustration.

Mais il faut dire, à la décharge du P. C. chinois, que ce parti est extrêmement jeune, que son développement a été rapide et que son attitude au cours des derniers mois montre qu'il a corrigé ses fautes de jeunesse de cette période de la Révolution chinoise.

Les perspectives de la Révolution chinoise et les variations de l'opposition française

Après la trahison du Kuomintang de gauche, l'I. C. a montré la nouvelle voie de la Révolution en Chine : selon elle, la prochaine étape serait soviétique, elle accomplirait toutes les tâches délaissées par la phase démocratique ; la révolution agraire, la libération du pays de la tutelle impérialiste, ainsi que les tâches de la révolution prolétarienne. La base de son pouvoir serait le Soviet, le parti dirigeant le parti communiste.

Cette politique trouve sa justification dans la marche ultérieure des événements, notamment dans l'expédition sur Swatow, où l'on peut remarquer encore bien dees faiblesses, par exemple une insuffisante liaison avec les insurrections paysannes du Kuantoung, dans l'insurrection cantonaise qui montra, malgré son douloureux échec, la nouvelle forme de la Révolution chinoise. Ces deux mouvements venus après la trahison du Kuomintang montrent que l'I. C. a vu juste et qu'elle a eu raison de dire au mois de juillet : « le moment de propager l'idée des Soviets est venu, pendant la prochaine vague révolutionnaire il faudra les organiser ».

Que pensait le chef de l'opposition Treint ? Que la politique de l'I. C. avait conduit la Révolution chinoise à sa perte ; que l'I. C. faisait preuve de « myopie bureaucratique extrêmement grave, mais encore de l'affolement le plus complet », que « le P. C. chinois a dispersé les forces révolutionnaires, s'est isolé d'elles à cause de la politique de l'I. C. », que « le P. C. chinois a perdu la confiance des masses chinoises », que « la Révolution russe de 1905 a été *battue malgré notre politique juste.* La révolution chinoise en 1927 est *battue à cause de la fausse politique suivie.* »

Ces déclarations montrent que seul Treint avait perdu la tête. Il a été pris de panique pour un échec passager et ne s'est pas aperçu qu'en passant dans le camp de la contre-révolution, c'est le Kuomintang qui perdait l'influence sur les masses et non le P. C. L'opposition ne comprenait pas que les masses ouvrières et paysannes, malgré les tentatives du Kuomintang d'organiser de nouveaux syndicats et de nouvelles unions paysannes, restaient fidèles au parti communiste. L'attitude héroïque des cadres de notre parti, la répression sanglante exercée contre eux et contre les masses ouvrières et paysannes, ainsi que les mots d'ordre politiques lancés par l'I. C. et traduits avec plus ou moins de force par le P. C. chinois, formaient un bloc solide des ouvriers et des paysans autour du P. C. Treint a cru qu'en passant dans le camp contre-révolutionnaire, le Kuomintang avait emmené avec lui les masses ouvrières et paysannes. Comment aurait-il pu sans cela parler de « dispersion des forces révolutionnaires et d'isolement du P. C. » s'il avait compris que les forces ouvrières et paysannes étaient organisées et dirigées par le P. C. — totalement pour les premières ; dans 85 % pour les secondes.

A cette première erreur, est liée la seconde sur l'inopportunité du mot d'ordre des Soviets.

« *Maintenant que la Révolution agraire est provisoirement écrasée sur bien des points, le groupe Staline-Boukharine n'hésite pas à lancer à contre-temps l'idée des Soviets et à la faire propager en pleine dépression du mouvement des masses par un parti qui restera sans autorité sur les masses tant qu'il n'aura pas reconnu ses erreurs. Il n'y a pas de meilleur moyen de contribuer à discréditer l'idée des Soviets aux yeux des masses chinoises.*

C'est parce que l'idée des Soviets en Chine devient de plus en plus populaire dans les masses russes *que, pour des raisons de politique de fraction, le groupe Staline-Boukharine lance maintenant l'idée des Soviets en Chine, au mépris des intérêts véritables du mouvement révolutionnaire chinois et à seule fin de ne pas laisser à l'opposition le monopole de l'idée des Soviets en Chine.*

« *Mais il y a une différence essentielle entre former des Soviets à temps et en agiter l'idée* A CONTRE-TEMPS. »

Ainsi le chef de l'opposition française jugeait au mois d'août que le mot d'ordre des Soviets n'était pas bon pour la Chine, mais qu'on le lançait seulement pour plaire aux ouvriers russes. Il précisait que le mot d'ordre était lancé à contre-temps. Pourquoi ? Parce que l'opposition ne comprenait pas qu'il s'agissait en Chine d'une défaite partielle, que de nouveaux mouvements révolutionnaires éclateraient rapidement, qu'ils devraient se dérouler sur la base soviétique.

Les batailles qui se déroulent continuellement dans le sud de la Chine à la campagne, l'expédition de Swatow, l'insurrection cantonnaise ont clairement montré que l'opposition s'est lourdement trompée sur le caractère et le développement de la Révolution chinoise.

Dans les divers documents de l'opposition on chercherait vainement une seule ligne sur les perspectives de la Révolution en Chine. Dans la nouvelle plate-forme on ne dit mot du problème paysan. A côté d'injures, de calomnies, d'accusations contre la majorité de l'I. C. on cherche vainement une ligne de conduite, une directive pour l'avenir. Critiques négatives, calomnies insensées, absence de perspectives ; voilà le programme de l'opposition en Chine. Avec cela on peut faire beaucoup de bruit mais pas de révolution.

L'opposition et l'impérialisme

Mais il est facile de comprendre pourquoi l'opposition ne peut pas apporter de programme positif sur la Chine : personne dans l'opposition n'est capable de caractériser politiquement la Chine. Pour Trotsky le caractère politique de la Chine c'est le régime douanier, c'est-à-dire une manifestation de l'oppression impérialiste ; avec Radek, il niait le caractère féodal du pays, et par conséquent ne pouvait comprendre le rôle révolutionnaire immense de la paysannerie dans ses thèses. Et Treint découvre dans la Chine un aspect particulier encore, entre en contradiction avec celui déterminé par Trotsky. Parlant de l'Autriche il dit : « L'Autriche est un pays entouré de puissances impérialistes. La Chine est un pays presque impénétrable aux impérialistes en raison de sa profondeur ». On ne peut ignorer davantage les conditions chinoises. Les deux traits essentiels de la Chine sont son caractère féodal et la présence dans les principales villes de Chine des cinq grands impérialismes.

Les impérialismes tiennent les principaux ports de la côte sous forme de concessions territoriales et, d'après les traités il détiennent les douanes. Leurs bateaux de guerre ont droit à l'entrée dans tous les ports; 200 sont à Changaï. Ils peuvent rencontrer le Yang-Tsé jusqu'à 2.000 km de la côte. Ils possèdent des concessions territoriales jusqu'à Hankéou et à plus de 1.000 kilomètres des côtes. Pékin est un centre militaire international. Le Japon occupe silencieusement la Mandchourie. A chaque minute l'impérialisme est prêt à intervenir. Il intervient constamment : A Hankéou, Nankin, à Canton pendant l'insurrection. L' impérialisme joue sur la carte chinoise avec ses généraux mercenaires : Japonais, Américains, Anglais, Français, interviennent constamment en soudoyant des militaristes, dans les affaires chinoises. Et Treint s'écrie : « La Chine est un pays impénétrable aux impérialistes ».

Il ne faut rien comprendre à la situation chinoise pour faire de telles analogies et de telles affifirmations. Mieux, Treint oublie que partout où l'impérialisme se trouve, également l'industrie qu'il a développée y est, et par conséquent le prolétariat force motrice de la Révolution. Cela augmente considérablement les difficultés de la lutte. Mais Treint, et avec lui l'opposition française, compare stupidement l'Autriche et la Chine pour prouver que l'Internationale communiste a les « mains tachées du sang des ouvriers chinois ».

L'opposition et les révolutions nationales

Une autre des accusations de l'opposition contre l'I. C. c'est que la théorie selon laquelle « plusieurs classes peuvent lutter ensemble pendant une période, pour la libération nationale » est fausse, anticommuniste et antiléniniste. Marx a, pendant toute une période de son activité, montré qu'il fallait soutenir les guerres de libération nationale. Pendant toute une série de guerres de libération nationale, il a montré par les faits, avec Engels, qu'il soutenait de telles luttes. Marx et Engels, déjà communistes, avaient participé au mouvement révolutionnaire démocratique de l'Allemagne, avec d'autres classes. Lénine a le premier soutenu la nécessité d'unir le mouvement du prolétariat à celui des peuples opprimés. Il a longuement développé cette idée contre les marxistes polonais, contre Radek, contre Piatakov pendant la guerre.

Au 2e congrès, il a présenté des thèses pour montrer la nécessité de soutenir les luttes des peuples coloniaux contre l'impérialisme. Le parti français a soutenu pendant la guerre du Maroc une formation pré-bourgeoise et pré-capitaliste en lutte contre l'impérialisme français. Les membres de l'opposition étaient pendant toute cette époque des dirigeants responsables du parti. Ont-ils à aucun moment protesté contre cette prétendue « pratique antimarxiste » ? Pas le moins du monde. Cependant, tous ces faits se sont passés en leur présence, voire même sous leur contrôle. Pourquoi n'ont-ils pas montré à ce moment ce qu'il y avait d'antiléniniste et d'antimarxiste dans l'activité de Lénine ou du parti français. Loin de là, à cette époque, avec l'ensemble du parti, ils se sont dressés contre les erreurs de Paz et de Loriot qui avaient le tort de préconiser deux ans avant eux les solutions que Treint et Suzanne Girault proposent aujourd'hui. A cette époque, Treint et Suzanne Girault luttaient contre Trotsky et ses amis français, et aujourd'hui ils ont accepté entièrement leurs théories. Si l'opposition nous accuse si fortement, c'est qu'elle entend masquer ses propres capitulations devant le trotskisme et les thèses du menchévisme.

Ce qui apparaîtra clairement à chaque membre du parti, c'est qu'en réalité l'opposition *critique négativement* une révolution dont elle n'a compris ni le caractère antiféodal et antiimpérialiste, ni les difficultés particulières; ils constateront qu'elle n'a plus de perspective. Les calomnies, les attaques, les insultes contre l'I. C. et ses militants ne réussiront pas à masquer cette faillite.

« L'ECONOMIE » DE L'OPPOSITION

La réfutation des thèses économiques (?) de l'opposition ne demande pas un grand développement, car ces thèses sont à peu près inexistantes. Il est à remarquer que les quelques vagues considérations de l'opposition sur l'évolution de l'économie française, qui ne sont étayées sur aucun chiffre, sur aucune statistique, viennent tout à la fin de sa volumineuse production, comme si l'on pouvait faire reposer une thèse politique sur autre chose que sur une étude approfondie des circonstances et des perspectives économiques.

Mais Treint et ses amis nous ont depuis longtemps habitués à des constructions en l'air, bâties à la légère sur aucune base objective. Des faits isolés n'ayant fait l'objet d'aucune étude sérieuse leur ont servi alors que certains d'entre eux étaient à la Direction du Parti pour lancer le Parti tête perdue dans une ligne fausse. La réaction subjective provoquée chez eux par ces faits suffisait à leur faire sortir toute une théorie abstraite des luttes révolutionnaires. Il en fut ainsi de la manifestation des ouvriers parisiens derrière le cercueil de Jaurès. Des pierres lancées par les occupants d'un auto-car se dirigeant aux courses de Vincennes et arrêté par la police sur les boulevards dans les vitres du poste de police de la rue Thorel, suffisaient à Treint pour jeter dans la circulation l'idée que la situation à Paris était révolutionnaire. Son discours sur Europe-Amérique au Congrès de Lille était entièrement appuyé sur trois coupures de journaux qu'il avait eu entre les mains à Riga, Berlin et Paris.

Les leaders de l'opposition ont étudié aujourd'hui aussi superficiellement la situation économique. Ils reprennent sous une forme vague, l'essentiel des conclusions de notre Comité Central, mais ils partent de données fausses. Nous ne citerons que quelques unes de leurs plus grossières erreurs pour montrer comment ces camarades négligent de donner une base solide à leurs constructions de haute politique.

1° L'opposition a une idée vraiment enfantine du phénomène d'inflation. Elle le considère uniquement comme la manœuvre d'un clan politique contre un autre. Or, la première cause de l'inflation (qui n'a pas commencé, comme semble le croire l'opposition, en 1926, mais après la crise de 1921) est la politique d'emprunt du Bloc National et de budgets sans unité augmentés à l'aide de ces emprunts. Le seul arrêt marqué le fut par Poincaré dans un but électoral, au moyen de la masse Morgan, en avril 1924. L'inflation lente était d'ailleurs favorable à la grande industrie exportatrice et lui permettait la conquête de larges marchés extérieurs. C'est seulement lorsque le développement dialectique de cette politique risquait d'amener une catastrophe sociale, que le grand Capitalisme se résolut à adopter d'autres moyens pour assurer sa domination. Nous verrons plus loin la fameuse thèse de l'opposition sur la revalorisation. Là encore elle n'a rien compris.

2° L'opposition, dans un charabia qui lui est normal, prétend que l'industrialisation de la France se poursuit par la rationalisation. Les deux choses n'ont absolument rien de commun. L'industrialisation, c'est la construction d'usines nouvelles équipées à la moderne, la période en France c'est la guerre et la renconstruction des régions dévastées. La rationalisation c'est l'aménagement de la production entraînant comme en Allemagne la fermeture des entreprises dont le rapport est insuffisant.

3° L'opposition pourrait-elle nous dire où elle a pris ce chiffre « de 25 milliards de capitaux étrangers investis dans l'économie française ? » Les achats de livres et dollars par le Trésor ou la Banque de France ont été faits en grande majorité à des Français qui avaient converti leurs francs en devises appréciées. Les investissements dans l'économie française sont à peu près nuls depuis août 1926 et ne font que commençer.

4° La crise économique, selon l'opposition qui ne donne aucun détail sur elle, est caractérisée par « l'accumulation de stocks de marchandises » et une diminution d'exportation des objets fabriqués. Ces deux affirmations sont absolument controuvées par les données statistiques (voir notre Bulletin d'Information n° 19).

Dans aucune industrie il n'y a de stocks de marchandises, on travaille partout à la commande, étant donné la stabilité toujours douteuse de la monnaie. Il n'y a même pas accumulation de stocks de matières premières, mais au contraire diminution considérable des importations (à part la houille) et une augmentation encore plus importante des exportations. Les chiffres du commerce extérieur le montrent depuis un an.

Importation en tonnes des matières premières :

Février	1927	4.047.000
Mai	—	3.900.000
Octobre	—	3.459.000
Novembre	—	3.257.000

(Il faut tenir compte que les importations de houille sont en forte augmentation durant toute l'année 1927.)

Exportation de matières premières :

28.408.000 tonnes pendant les onze premiers mois de l'année 1927 contre 24.074.116 tonnes pendant les onze premeirs mois de 1926 et 24.704.857 pendant les onze premiers mois de 1925, soit une augmentation cette année de près de 4 millions et demi de tonnes. Il y a donc non renouvellement et même liquidation des stocks.

Pour les exportations d'objets fabriqués, l'erreur est encore plus flagrante :

Onze premiers mois de 1927 : 4.958.424 tonnes contre 4.318.065 pendant les onze premiers mois de 1926.

Voici quelques détails d'exportation d'objets fabriqués (10 premiers mois).

	1926		1927	
Fils et tissus...............	139.000	tonnes	194.000	tonnes
Produits chimiques	2.240.000	—	2.271.000	—
Constructions mécaniques ..	759.000	—	1.003.000	—
Automobiles	109.000	—	109.710	—

Toute la politique de l'industrie française consiste précisément à se porter sur le marché extérieur, seul palliatif momentané à la crise, en pratiquant le dumping. Si un recul s'est produit en novembre (tout de même encore 438.000 tonnes contre une moyenne mensuelle de 400.000 en 1926) il semble dû à la concurrence allemande aggravée, mais la thèse de l'opposition ne pouvait pas prévoir deux mois à l'avance ce dernier résultat. Elle jugeait l'ensemble de l'exportation pour l'année, et la jugeait faussement.

L'opposition doit... retarder. La thèse parle de 13 milliards d'impôts nouveaux en *août dernier,* alors que tout le monde sait que ces impôts ont été votés le *3 août 1926*. Elle prévoit une répercussion future de l'élévation des droits de douane sur les blés de 18 à 25 francs alors que cette élévation date de plus de six mois, et que l'élévation dernière réalisée avant la publication des thèses était de 25 à 35 francs.

Ces quelques erreurs de « détail » suffisent à indiquer les considérations économique de l'opposition.

L'opposition donne toute sa mesure dans les perspectives financières de la Bourgeoisie française. Elle prévoit une nouvelle revalorisation puisqu'elle envisage celle-ci techniquement possible », or tout le monde sait que le service de la dette publique empêche une revalorisation plus prononcée. Pour des raisons de concurrence internationale et de stabilité économique les industriels de la transformation du grand commerce s'opposent à toute nouvelle revalorisation.

Poincaré était déjà rallié à cette thèse il y a un an. Des raisons politiques l'obligeaient à ne pas encore accepter publiquement l'idée de la stabilisation.

L'opposition qui voit encore la possibilité d'une revalorisation montre qu'elle n'a rien compris aux liens qui unissent l'appareil de production à la monnaie.

I. — L'OPPOSITION ET LA QUESTION RUSSE

La question de l'U.R.S.S., de la théorie de son développement, de la politique de son parti, sont aujourd'hui l'objet d'une attaque de grand style de la part de l'opposition française.

Il n'est pas inutile de rappeler l'attitude de ces oppositionnels au sujet des diverses discussions qui ont eu lieu sur la question Russe.

En 1923, une première discussion éclata entre la « vieille garde léniniste » et Trotsky, Treint et Suzanne Girault se firent en France les champions de l'anti-Trotskisme.

Treint, porte-plume de la tendance, écrivait notamment sur la tactique de Trotsky :

« *Démocratie formelle dans le Parti, opposition entre les jeunes et les vieux,* affirmation abstraite de la possibilité d'une dégénérescence de la vieille garde, *ne furent que des moyens tactiques employés pour dresser sur une plate-forme commune, l'opposition bigarrée qui combattait sous le trotskisme contre le bolchévisme, et contre son représentant authentique, le Comité Central du Parti Russe (novembre 1924).*

Il ajoutait dans le même article « Lors de la discussion française il y a quelques mois, nous pensions que Trotsky battu dans son Parti et sur le point d'être battu par l'Internationale s'inclinerait et rectifierait sa position ». C'est pourquoi Treint n'avait pas voulu élargir la discussion avec Trotsky pour ne pas « approfondir les divergences » car disait-il « *nous voulions au contraire faciliter le ralliement sous réserve de Trotsky au Bolchévisme léniniste.* »

A cette époque tout le monde se faisait des illusions sur le caractère de Trotsky. Comme on l'a vu par les déclarations récentes de quelques adhérents de la fraction de Trotsky, depuis cette époque Trotsky avait constitué à l'intérieur du Parti, une fraction plus ou moins active, suivant les périodes, mais hostile au Comité Central. Aussi, les espoirs de ceux qui pensaient le rallier furent déçus ; Treint le premier, puisqu'il ajoute dans le même article :

« *C'est bien de la naïveté. Loin de se rallier, Trotsky, qui a gardé le silence au 5e Congrès, recommence la bataille aussitôt après et cette fois, il pose le problème fondamental qui était derrière toute la discussion russe de l'an dernier, le problème des perspectives révolutionnaires* ». Et Trotsky avait été montrer ses divergences dans une assemblée « de semi-intellectuels petits bourgeois », de vétérinaires, — ce que Treint lui reprochait avec véhémence.

Il affirmait encore : « *le Trotskysme d'aujourd'hui, en tant que doctrine, méthode et tactique est au moins aussi dangereux que le Trotskïsme d'autrefois combattu pendant de longues années par les bolchévicks* ».

« *Lénine mort, si Trotsky veut continuer la méthode inaugurée par lui l'an dernier, nous défendrons inlassablement le Léninisme, l'Internationale Communiste, le Parti Russe et sa vieille garde contre les retours offensifs du Trotskisme* ».

« *Et nous sommes certains que l'Internationale éliminera s'il le faut, ceux qui veulent fausser entre les mains du prolétariat son arme la plus précieuse : le Léninisme.* »

Quant à la droite, selon Treint, « elle était une fraction voulant préparer la domination *personnelle de Trotsky* sur le Parti Russe et l'I.C. » . Il s'agissait de Souvarine, Rosmer, Monatte, à l'extérieur du Parti, et de Páz, Loriot, Magdeleine Marx à l'intérieur.

Quant à Suzanne Girault, elle caractérisait Trotsky, non *comme un homme politique*, « MAIS COMME UN COMÉDIEN » (séance de la délégation française au 5e congrès).

Treint et Suzanne Girault n'avaient donc aucune illusion sur le rôle et la politique de Trotsky. Ils les comprenaient mieux que tous autres.

La discussion entre Zinoviev, Kamenev et le Parti russe détermina une nouvelle orientation du groupe Treint-Suzanne Girault, d'une façon masquée, puis ouvertement, prit parti pour Zinoviev. Treint resta fidèlement attaché à la majorité anti-trotskiste. Il fut le premier, membre du Bureau Politique, à approuver bruyamment la politique de la majorité et la théorie « du socialisme dans un seul pays ».

Pour lui l'opposition de Zinoviev, de Kamenev, était de « l'hytérie, et non de la politique » (procès-verbal du bureau politique).

Pendant son séjour de plus d'une année en Russie, il se déclarait solidaire de la majorité. A la conférence nationale de St-Denis, quelques jours après son retour de Russie, il affirmait encore : La minorité a un point de vue que je juge faux, la majorité a un point de vue que j'estime juste dans l'ensemble avec quelques petites erreurs de détail ». La question Russe « est digérée par l'ensemble du Parti ».

Et Treint disait encore :

« La différence entre Calzan et moi (Calzan voulait aussi une discussion, mais pour renforcer la minorité) est qu'il pense que d'une discussion devant l'ensemble du parti, pourrait résulter un gain pour l'opposition, et que moi, comme je pense que les solutions de l'opposition sont fausses, je crois que le débat porté devant l'ensemble du parti, aboutirait à démontrer clairement les erreurs de l'opposition et à faire entendre clairement la voix de tout le parti, qui dirait à l'opposition : « Tu vas t'incliner, tu vas te discipliner ». J'estime qu'après une discussion qui aurait éclairci les idées, la voix du parti aurait beaucoup de force, et *contraindrait les camarades de l'opposition à rentrer dans la discipline du parti, dont ils sont sortis* ».

Quelques semaines après on vit Treint et ses amis accuser le parti russe et la majorité d'être prisonniers « des forces petites bourgeoises », de faire du « nationalisme petit bourgeois », du « pacifisme petit bourgeois », du « réformisme petit bourgeois », de laisser croître des éléments « thermidoriens », « de capituler devant l'impérialisme », pour ne citer que les accusations les moins vives.

En réalité ces cris veulent masquer la capitulation idéologique de Treint et de ses amis devant le Trotskisme, comme nous allons le démontrer.

« la construction du socialisme dans un seul pays »

« *Il faut anéantir cette théorie,* affirme l'opposition, c'est elle qui est cause de tout le mal ». Par cette affirmation l'opposition prend ainsi fait et cause pour Trotsky contre la majorité du P. C.

« Quels que soient les mensonges et les calomnies répandues par la bourgeoisie de tous les pays et ses auxiliaires avoués ou secrets (« les socialistes » de la IIe Internationale), il est un fait qui reste indéniable : *du point de vue du problème économique essentiel, la victoire dans notre pays de la dictature du prolétariat, du communisme sur le capitalisme est assurée.* La bourgeoisie mondiale rage et fulmine contre le bolchévisme, organise des interventions militaires, des complots, etc... contre les bolchéviks, précisément parce qu'elle comprend fort bien que toute *notre victoire dans la réorganisation de l'économie sociale est inévitable si l'on ne nous écrase pas par la force. Or, elle ne parviendra à nous écraser de la sorte.* »

(*Lénine,* « Œuvres complètes », vol. XVI, p. 350).

« En effet, le pouvoir de l'Etat sur tous les grands moyens de la production, le pouvoir l'Etat entre les mains du prolétariat, l'alliance de ce prolétariat avec les millions de petits paysans et de tout petits paysans, la direction assurée de ce prolétariat envers les paysans, etc..., n'est-ce pas tout ce qu'il faut pour que la coopération, la seule coopération, que nous traitions avant de mercantile et que, d'un certain point de vue, nous avons le droit de traiter de même sous la *Nep,* n'est-ce pas *tout le nécessaire pour la construction de la société socialiste intégrale ?* Ce n'est pas encore la construction de la société socialiste, mais c'est tout ce qui est nécessaire et *suffisant* pour cette construction. »

(*Lénine,* vol. XVIII, 2e partie, p. 140).

Quelle est la signification et l'importance de la théorie du socialisme dans un seul pays. Ce pays étant l'U.R.S.S. avec ses 140 millions d'habitants répartis sur un 6e du globe, sur un territoire particulièrement riche ? Elle réside toute entière dans l'appréciation du rôle que peuvent jouer les forces fondamentales de la révolution russe, classe ouvrière et paysannerie.

Lénine et les Bolchévicks ont toujours signalé la possibilité de faire triompher la révolution par une union étroite des ouvriers et de la paysannerie. Trotsky, au contraire, par sa théorie de la révolution permanente niait pour la révolution russe, la possibilité de vivre « sans l'aide des Etats prolétariens étrangers parce que le lien avec la paysannerie n'était pas viable ».

Qu'est-ce-à-dire, sinon que Trotsky était pessimiste à l'endroit de la capacité révolutionnaire des masses ouvrières et paysannes. Il ne croyait pas que le prolétariat au pouvoir puisse prendre les mesures nécessaires pour entraîner la paysannerie dans son sillage. Il ne comprenait pas la puissance de la capacité constructive des forces fondamentales de la révolution, et c'est pourquoi il jugeait la révolution perdue sans l'aide des Etats révolutionnaires de l'Europe.

La majorité du parti bolchévick a pensé au contraire, que les forces fondamentales de la révolution — le prolétariat allié à la paysannerie pauvre et moyenne — étaient suffisamment fortes pour construire complètement le socialisme dans l'U.R.S.S.

C'est là, le véritable débat et la véritable ligne de partage entre majorité et opposition. D'un côté, ceux qui ont foi dans les forces constructives du prolétariat uni aux paysans. De l'autre, ceux qui n'ayant pas cette foi, attendent l'aide des états révolutionnaires étrangers pour construire le socialisme.

Aucune variation sur la révolution mondiale ne peut cacher le pessimisme de l'opposition sur les forces constructives du prolétariat de l'U.R.S.S., D'ailleurs, il est particulièrement intéressant de voir que ceux qui se sont dressés contre cette théorie, s'étaient également dressés contre l'insurrection de 1917 et que Trotsky lui-même après la prise du pouvoir, a de multiples fois déclaré le pouvoir soviétique « au bord de l'abîme » (1918 à propos de la paix : nous périrons en faisant claquer les portes de l'histoire — 1921 : discussion syndicale, 1923, 1926).

Comme Trotsky, l'opposition française affirme « que cette théorie tourne le dos au socialisme en U.R.S.S. et à la révolution dans le monde entier ». Sous une forme concise, cette formule résume les deux accusations essentielles portées contre la théorie du socialisme dans un seul pays : 1° L'impossibilité de la construction définitive par les forces fondamentales de la révolution russe. 2° l'abandon de la révolution mondiale

L'opposition ne dit pas en quoi l'affirmation que les forces fondamentales de la révolution russe, sont suffisantes pour construire le socialisme, tourne le dos à la construction du socialisme en U.R.S.S. Elle a beau affirmer que les usines sont d'un type « dynamiquement socialiste » son offensive contre la possibilité de l'édification totale, montre qu'elle n'en croit rien. Au contraire, elle croit les forces politiques sociales économiques de l'U.R.S.S. insuffisantes pour accomplir définitivement une telle construction.

En ce qui concerne l'U.R.S.S., sa plate-forme est démonstrative de ce point de vue. Partout y est inclue l'affirmation que les forces de thermidor croissent, que le comité central cède de plus en plus le pas « au capitalisme à échéance » d'Oustrialov. Mais nulle part n'existe un tableau comparatif de la croissance des éléments socialistes et des éléments capitalistes.

L'opposition mène grand tapage en démontrant qu'il y a en Russie des nepmens, des koulaks. Elle ne dit mot du développement prodigieux des forces socialistes. Elle veut démontrer la croissance des forces thermidoriennes, elle ne montre pas que dans l'ensemble des forces économiques de l'U.R.S.S., le point spécifique des forces anti-socialistes est en constante diminution, et celui des forces socialistes est en augmentation permanente et rapide. Pourquoi ce tableau unilatéral ? Parce que l'opposition n'a pas confiance dans la *construction du socialisme* en U.R.S.S., parce qu'elle a perdu complètement tête.

Tous les chiffres, toutes les statistiques sont d'un enseignement précieux dans ce débat. Que montrent-ils ? Que depuis la nouvelle politique économique, la lutte entre les éléments socialistes et les éléments privés se développe victorieusement pour les éléments socialistes.

Dans l'industrie la part socialiste est passée de 81.3 % en 1923 à 87,3 % en 1927-28 ; la part privée de 19 % à 12 %, soit une diminution de l'industrie privée.

La production respective de l'agriculture et de l'industrie est passée :

	1925-1926	1926-1927	1927-1928
Agriculture :	12.273	12.775	13.186
Industrie :	6.876	7.820	8.870
	19.149	20.595	22.056

soit un développement des deux productions, mais ce qui est important, un développement plus rapide de l'industrie.

Les investissements des capitaux dans les diverses branches s'élèveront à près de 2 milliards de roubles dont 1 milliard ½ dans l'industrie. Le développement industriel continuera donc rapidement. Le reste est de même dans l'agriculture, ce qui augmente la part socialiste dans la production agricole.

Dans le commerce de gros alors qu'en 1923-24 la part socialiste était de 78,2 %, et celle du commerce 21,8 %, leur part respective en 1926-27 sont de 91 % et de 9 %.

Dans le commerce de détail, la part socialiste qui était en 1923-24 de 40,4 % est passée en 1926-27 à 64,5 %, celle du privé de 58,6 % à 35,5 %.

Ces chiffres prouvent indiscutablement qu'en ce qui concerne l'industrie et le commerce, nous assistons à une victoire rapide des éléments socialistes.

Voyons le procès à la campagne. Ici l'évolution est plus lente, mais elle est aussi plus difficile à accomplir. Néanmoins, les éléments socialistes croissent. L'opposition veut le masquer mais la réalité est différente.

Pour introduire le socialisme dans la campagne, il faut développer la coopération et les éléments collectifs de la culture.

La coopération a suivi une courbe sans cesse ascendante au cours des dernières années. Les coopératives de consommation ont augmenté leur emprise sur l'approvisionnement de 25,8 % en 1924-1925, à 50,8 % en 1926-1927.

Les organismes coopératifs ont augmenté leur emprise sur la route de la surproduction agricole de 55,7 % en 1924-25 à 63 % en 1926-1927 (Staline discours au 15ᵉ congrès) à la fin de 1926, 27.000 sociétés avec 44.000 magasins pour les coopératives de consommation, fonctionnaient pour les campagnes. 7 millions de paysans, représentant pour la plupart leur famille, participaient au mouvement. 30 % des familles paysannes étaient entrainées dans le mouvement (Popov. La coopération de consommation en U.R.S.S. 1926).

La coopération de production qui doit amener les paysans à la culture collective est beaucoup moins développée. Elle est à son début car son développement exige l'introduction de machines modernes dans l'agriculture. De ce fait son développement est lié lui aussi au développement de l'industrie. Elle ne comprend encore que 4 % de la production agricole, et 7 % de la production des marchandises agricoles. Le développement de la culture collective, auquel le P.C. de l'U.R.S.S. veut donner de gros efforts — décision du 15ᵉ congrès — permettra de grouper les couches de paysans pauvres dans la culture collective.

Que montrent tous ces chiffres, tous ces faits, que l'opposition oublie de citer ? Que le développement du socialisme est un fait; que les forces fondamentales de la révolution peuvent continuer et achever sa construction. Aucune affirmation de l'opposition ne peut rien changer à ce fait.

Tous ces faits prouvent également que la politique du C.C. est juste dans la production industrielle, dans le commerce et à la campagne. L'opposition internationale prédit à chaque congrès la faillite pour le congrès prochain. Or, chaque congrès du P. C. de l'U.R.S.S. a depuis 1923, démontré que les pronostics de l'opposition étaient faux et une amélioration considérable des éléments socialistes.

L'importance réelle des tendances anti-socialistes

Dans toute son analyse, l'opposition ne voit que les phénomènes négatifs qui subsistent forcément sous le système de la Nep, mais elle exagère ce danger. Elle nie que la majorité les voit. Elle accuse la majorité de les négliger. Qu'y-a-t-il d'exact dans toutes ces accusations ?

En ce qui concerne la lutte sur le terrain industriel et commercial, les chiffres cités montrent ce que valent ces accusations. Economiquement, le rôle du nepman diminue. Politiquement, il reste sous la coupe du pouvoir soviétique. Il ne jouit d'aucun droit politique. Des impôts élevés l'accablent.

A la campagne, il y a le koulak affirme-t-on. Il est même passé de 2 à 3 % du total de la population. L'opposition oublie de signaler l'amélioration générale de la situation des masses paysannes.

Voici le tableau des entreprises agricoles d'après la terre exploitée pour 35 gouvernements :

Entreprises	1922	1923	1924	1925
Manquant de terre	6.9	5.3	4.8	4.2
Possédant jusqu'à 2 déciat	46.	40.7	36.6	33.
De 2 à 6 déciat	40.3	44.4	46.7	49.3
De 6 à 10 déciat	5.6	7.8	9.	10.2
Plus de 10 déciat	1.2	2.2	2.9	3.3
Total	100.	100.	100.	100.

(*La Politique du Parti au village.* — Partie « proportions réelles de la différenciation ».)

Ces chiffres montrent que le nombre des paysans pauvres a diminué, que le groupe des paysans moyens a augmenté, que le groupe des koulaks a augmenté aussi, mais moins vite que le groupe des paysans moyens. Il faut donc conclure à une amélioration générale de la situation agricole, dont ont surtout bénéficié les paysans pauvres, devenus paysans moyens, les paysans moyens eux-mêmes, et dans une proportion moindre, les paysans riches cependant mieux outillés que les autres et qu'on appelle «koulaks».

Le Comité Central fait-il une politique pour isoler le koulak, et pour soulager le paysan pauvre et le paysan moyen. Voyons ce que dit la résolution du Comité Central de Juillet :

« Pendant l'année courante, on a constaté une série de phénomènes indésirables. Parmi ces phénomènes, il faut citer : « la déformation des directives du Parti dans la pratique du crédit agricole et le travail de la coopération agricole, déformation qui s'est manifestée dans une série de cas par l'octroi de crédits trop élevés aux koulaks, et aux couches aisées de la paysannerie, par l'utilisation, de la part de ces derniers, de pseudo-sociétés pour l'achat de machines agricoles, etc... ».

« Parallèlement à l'essor économique de la masse fondamentale de la paysannerie, il se produit une croissance des couches koulaks à la campagne. *Dans ces conditions, tous les organes du Parti et des Soviets doivent veiller particulièrement à l'application suivie, persévérante des directives du Parti, afin d'aider au développement des exploitations de paysans pauvres et moyens, afin de venir en aide par tous les moyens aux paysans pauvres et de sauvegarder leurs intérêts surtout en matière de politique fiscale, de coopération, de crédit, de sociétés pour l'achat de machines, etc.)* »

« Il est nécessaire de prendre des mesures décisives pour améliorer les méthodes de travail de la coopération agricole, et de la coopération de crédits, pour mettre fin aux déformations des directives du Parti en ce qui concerne la sauvegarde des intérêts de la masse des paysans pauvres et moyens. En même temps, l'assemblée plénière du C. C. et de la C. C. C. propose d'augmenter, l'année prochaine, *le fond de secours aux paysans, aussi bien sur le budget de l'Etat que sur le budget local, et aussi d'augmenter les crédits à longs termes, particulièrement pour l'achat de machines.* »

Tenant compte de la revision des principales contributions directes effectuée cette année (impôt agricole, patentes, impôt sur le revenu), révision qui a eu pour *effet d'augmenter l'imposition des couches aisées et riches de la population et d'exonérer en partie les paysans pauvres,* l'assemblée plénière du C. C. et de la C. C. C. charge le Bureau politique d'étudier les résultats de l'application des nouvelles lois afin de procéder, sur la base de l'expérience, dans la législation fiscale ainsi que dans son application, aux modifications qui sont les plus susceptibles de sauvegarder les intérêts de l'Etat prolétarien. »

On retrouve les mêmes directives en ce qui concerne la politique fiscale. L'impôt agricole est progressif. Il varie de deux kopecks d'impôt par rouble pour les vingt premiers roubles de revenu par tête, jusqu'à 25 kopecks d'impôt par rouble, soit un quart du revenu au-dessus de 100 roubles. Il frappe nettement les paysans riches. En 1926, 1927, 6 millions d'exploitations ont été exemptées de l'impôt agricole. Le manifeste du 10e anniversaire annonce en outre qu'on va « afin d'améliorer la situation matérielle des paysans pauvres et , en général, des petits paysans, exempter de l'impôt agricole, outre les 25 % de familles déjà exemptées, encore 10 %. »

Il ressort de tout ceci que les dangers koulaks ne menacent pas le développement socialiste, que par ailleurs ils sont clairement ressentis par la majorité, que l'Etat conserve en mains tous les moyens de les écraser, et que le P. C. de l'U. R. S. S. les combat violemment par les moyens les plus propres à les éliminer économiquement et politiquement d'une manière décisive.

C'est seulement parce que la majorité n'a pas suivi les indications aventureuses de l'opposition (politique d'augmentation des prix industriels aggravant la crise des ciseaux renforçant la bureaucratie industrielle, rendant précaire la stabilisation monétaire, séparation mécanique et violente de la « paysannerie riche » dans laquelle l'opposition, par son manque de clarté politique sur le problème agraire, englobait la paysannerie moyenne) qu'elle a pu former un bloc des paysans moyens et pauvres avec le prolétariat, isoler politiquement le koulak et préparer son isolement économique et partant son élimination totale.

La situation de la classe ouvrière

L'opposition colporte partout que la situation de la classe ouvrière de l'U. R. S. S. a empiré et que le développement industriel ne s'obtient qu'au prix d'une aggravation des conditions de vie des ouvriers. Selon elle, la part de la classe ouvrière dans le revenu national aurait diminué, les salaires n'auraient pas augmenté.

Or, les chiffres publiées dans la brochure « Faits et chiffres » montrent exactement le contraire. En prenant le chiffre 100 pour 1913, le salaire est passé de 79,5 pour cent en 1924-25 à 97,1 pour cent en 1926-27; mais si l'on compte les dépenses supplémentaires (assurances, amélioration de l'existence, besoins culturels), il était à 95,7 pour cent en 1924-25 et 115 pour cent en 1926-27. Quant à la part de la classe ouvrière dans le revenu national, elle est passée de 23,2 pour cent en 1923-24 à 29,8 pour cent en 1926-27.

Pour la journée de 7 heures — contre laquelle ont voté les oppositionnels russes — les oppositionnels français tentent de diminuer l'importance de cet acte capital du pouvoir soviétique en montrant que la rationalisation en U.R.S.S. s'est faite — *comme dans tous les pays capitalistes* — par une pression exagérée sur le

« cerveau et les muscles du prolétariat ». Ils masquent ainsi la différence de la rationalisation dans les pays capitalistes et dans l'U. R. S. S. Ils oublient simplement dans leur effort de dénigrement systématique, que la journée de 7 heures se fera sans diminution de salaires et que la rationalisation en U.R.S.S. a été suivie d'augmentation de salaires, contrairement à ce qui se passe dans *les pays capitalistes et notamment en France.*

Ce bref examen permet de voir que les oppositionnels internationaux et leurs amis français ont complètement abandonné la ligne du Léninisme. Ils ont perdu confiance dans la construction du socialisme et sont passés armes et bagages dans le camp du Trotskisme. Ce changement de camp peut seul expliquer les accusations inqualifiables portées contre l'U. R. S. S., contre son Parti communisme. Ceci peut seulement aussi expliquer la collusion ouverte de Treint, Suzanne Girault, avec les Trotskistes français Paz, Marx, Souvarine.

L'opposition française, la situation internationale de l'U.R.S.S. et les dangers de guerre

Une autre accusation renouvellée de Trotsky est aussi portée contre l'U.R.S.S. : celle d'abandonner la révolution mondiale, de faire preuve d'étroitesse nationale. La conséquence de cette politique serait, selon l'opposition française, l'accroissement des dangers de guerre contre l'U.R.S.S., — Citons la plate-forme :

« Selon les théories de Boukharine, lorsqu'il ne s'agira plus de maintenir la paix menacée, mais de négocier la paix perdue, il faudra davantage encore prendre les Purcell et les Longuet » (?) (On se demande ce que Longuet vient faire ici) « comme courtiers de la paix, et renoncer à appeler au secours les opprimés du monde entier, »

« Puis encore, lorsque Staline fera bloc avec Longuet, comment donc Semard, Doriot, Murphy, pourront-ils appeler les prolétariats de leur pays respectif, à lutter contre les Purcell et les Longuet pour transformer la guerre impérialiste en guerre civile. »

Ainsi, l'accusation de lâcher le mouvement révolutionnaire pour faire le bloc social-traître est ici très nettement formulée. On lui joint celle d'étroitesse nationale. Oublie-t-on l'aide apportée par les ouvriers russes aux mineurs anglais aux ouvriers et paysans chinois, aux prolétaires du monde entier, qui luttent contre le capital, ou aux peuples opprimés en lutte contre l'impérialisme.

Oublie-t-on l'existence de l'Internationale Communiste et le rôle prépondérant qu'y joue le P.C. de l'U.R.S.S.

L'I.C. a-t-elle diminué son autorité depuis que son Président est passé à l'opposition ? Révolution chinoise, activité des communistes à Vienne, rôle du P.C. anglais dans la grève générale et celle des mineurs, pour ne citer que ces exemples.

A aucun moment l'activité de l'I.C. ne s'est ralentie. C'est une monstruosité de répandre sous une forme, même voilée, l'accusation de vouloir liquider l'I.C., que des social-démocrates portent contre le P.C. de l'U.R.S.S. et sa direction.

Et cependant, c'est bien le sens des accusations de l'opposition : « capitulation devant le koulak, devant les éléments des réactions thermidoriennes, capitulation devant les social-traîtres de Londres, devant les impérialistes en Chine, politique qui désorganise les forces révolutionnaires, entrave la lutte des masses, accroît l'audace des impérialistes et qui, de capitulation en capitulation, aggrave les dangers de guerre ». — Voilà, selon notre opposition, la caractéristique de la politique actuelle.

Ainsi, pour l'opposition, les dangers de guerre n'ont pas comme cause la situation actuelle du capitalisme à la recherche de débouchés à la suite de la rationalisation et de la stabilisation; ils n'ont pas non plus comme cause essentielle le rôle particulier de l'U.R.S.S.

L'U.R.S.S., par le développement de son économie, par l'augmentation de son rôle révolutionnaire, par l'attraction de plus en plus forte qu'elle exerce sur les masses ouvrières et sur les peuples révolutionnaires dans le monde entier, est devenue un danger permanent et croissant pour le monde capitaliste.

L'opposition en comprend pas que ce qu'elle affirme est le contraire de la vérité. Si l'impérialisme croyait pouvoir obtenir concession par concession, ce dont il a bsoin, il ne recourrait pas à la guerre, mais aux négociations. Justement l'impérialisme s'aperçoit de plus en plus que les espoirs fondés, il y a quelques années, au moment de la reprise des relations, sur une évolution de l'U.R.S.S. dans la voie capitaliste sont vains. Caractéristique est cet article du *Temps* :

« Malgré toutes les difficultés financières et économiques avec lesquelles Moscou se trouve aux prises, les dirigeants du Kremlin, prisonniers de la IIIe Internationale, n'ont pas renoncé à leur monstrueux idéal, d'une révolution universelle.

« Là fut au cours de l'année, et là reste le véritable danger... demain comme hier, c'est contre ce péril qui menace la vie morale et matérielle de toutes les nations également, que doivent s'unir dans un sentiment de dignité nationale et internationale, tous les hommes de bonne volonté. »

S'il faut faire la guerre à Moscou, disent les bourgeois, c'est parce qu'ils n'abandonnent pas « le monstrueux idéal de la révolution universelle ». Si la bourgeoisie relève la tête et attaque l'U.R.S.S., déclarent les oppositionnels, c'est parce que Staline est un opportuniste, un nationaliste borné qui abandonne le mouvement révolutionnaire international. Des deux, il nous est facile de voir que c'est le *Temps* qui donne les motifs exacts des dangers de guerre.

Rakowsky a, il est vrai, reproché au C.C. de n'être pas allé jusqu'à « la guerre pour le prestige » avec la France au moment de l'offensive des pétroliers pour la rupture. Et Treint manifeste son désaccord total avec les articles « où l'on déclare que l'U.R.S.S. est prête à faire de grands sacrifices pour conserver la paix ». Que veut l'opposition ? livrer bataille de suite à l'impérialisme ? Là encore il faut comprendre que la question de la paix ou de la guerre est d'une importance primordiale pour l'U.R.S.S. La paix pour l'U.R.S.S. c'est la possibilité de continuer son développement socialiste, d'accroître sa production, ses réserves, ses forces, de se présenter aux combats inévitables dans la meilleure situation possible. La paix a donc une importance considérable. Il est clair que la politique de l'U.R.S.S. pour le maintien de la paix dans la situation actuelle est fondamentalement juste.

Mais l'opposition qui, comme les social-démocrates, ne croit plus à la possibilité d'édification du socialisme, ni au renforcement économique de l'U.R.S.S. ne peut pas comprendre une politique « pacifique » qui est basée essentiellement sur ce renforcement. Elle ne peut pas comprendre que plus l'impérialisme tarde à faire la guerre, plus sa situation est compromise par le fait même de notre développement économique en U.R.S.S. et des masses révolutionnaires dans les autres pays. Et que, dans ces conditions, il est permis et utile de faire certains sacrifices d'ordre secondaire pour retarder un conflit inéluctable entre les pays impérialistes et l'U.R.S.S.

L'OPPOSITION ET LES QUESTIONS FRANÇAISES

Procédés de discussion

Dans la partie française de sa plate-forme, l'opposition adresse à la direction du Parti un certain nombre de critiques. Avant de les examiner, il est bon d'étudier sur le vif ses procédés de discussion, ainsi que l'esprit avec lequel elle critique. En l'absence d'arguments politiques sérieux, l'opposition accuse la direction « d'être inféodée à Staline » pour se maintenir au pouvoir. Il y a quelques mois encore le chef de l'opposition soutenait la majorité du Parti russe en plein accord avec les camarades de la direction actuelle. Il considérait comme légitime cette position. Aujourd'hui, à peine passé dans le camp du trotskisme, il accuse les dirigeants du Parti qui sont restés fidèles à la politique qu'ils défendent depuis des années d'être inféodés à Staline. Cet argument rappelle exactement celui de la bourgeoisie et de la social-démocratie sur les « valets de Moscou ». En employant ces arguments, l'opposition entend peut-être masquer son abandon de la cause du léninisme pour celle du trotskisme. Le procédé de discussion employé par elle, montrera à tous les membres du Parti la véritable place qu'elle occupe dans le débat actuel aux côtés de la social-démocratie et de la bourgeoisie pour qui chaque communiste est « un agent de Staline ou un stipendié de Moscou »

Le truc de la direction « Semard-Monmousseau-Doriot »

Un autre truc de l'opposition consiste à prendre dans la direction du Parti trois camarades pour les rendre responsables de toute la politique du Parti. La direction, ainsi que les intéressés, ont été surpris d'apprendre la constitution d'un noyau dirigeant tout à fait nouveau. Comme beaucoup de constructions, de théories, et d'affirmation de l'opposition, cette nouvelle théorie est peut-être originale, mais à coup sûr complètement dépourvue de fondement.

Treint tente ici une manœuvre pour diviser la direction. Ce sera peine perdue. La direction unanime la repousse. La direction se considère comme collectivement responsable de la politique du Parti dans ses succès comme dans les fautes pour le passé et pour le présent. Elle a la ferme volonté de continuer son travail collectif de direction dans l'avenir. La manœuvre et les attaques de l'opposition, loin de l'affaiblir, lui soulignent au contraire l'importance de son unité et de son travail collectif. La tentative de l'opposition française de classer la direction en groupes, en tendances, en soustendances, a beau être renouvelée de l'opposition russe, qui a fait la même opération vis-à-vis de la direction du P.C. de l'U.R.S.S., elle n'aura plus de succès.

L'opposition et la critique

Treint et ses amis formulent contre l'activité du Parti un certain nombre de critiques. Notons d'abord que Treint défendit jusqu'au bout à l'I.C. toute la politique du Parti jusqu'au mois de juin. Il était le plus acharné à justifier notre activité, notamment sur la question d'Alsace-Lorraine, du chômage, de la main-d'œuvre étrangère et sur d'autres questions importantes.

Qu'il se retourne contre ceux qu'il défendait hier, cela ne saurait nous surprendre après son passage à l'opposition; mais cela n'en montre pas moins l'esprit de critique de l'opposition. Celle-ci critique le Parti non pas avec l'intention de le redresser et de le corriger, mais avec celle de l'entraîner au trotskisme. Elle reprend les critiques que tout le Parti, sa direction en tête, s'adresse. Au lieu d'aider l'effort de redressement, elle veut le saboter.

Au cours des derniers mois, le Parti a commis un certain nombre de fautes. La direction du Parti, en accord avec l'Internationale Communiste, a pris l'initiative de les caractériser et de les redresser. Elle l'a fait publiquement, avec l'aide de l'opposition, qui s'était courageusement abstenue de participer aux débats du Comité Central : La lettre ouverte du C.C. de novembre a prouvé que le Parti savait se critiquer ouvertement et avait le courage de reconnaître ses fautes. Elle a montré sa volonté très nette d'être plus forte que jamais.

Que fait l'opposition ? Elle déclare que la lettre ouverte du Parti n'est qu'une manœuvre contre le parti. La lettre ouverte n'est pas une manœuvre contre le Parti, mais un effort sain de redressement de tout le Parti. Mais en même temps, elle enlève toute plateforme à l'opposition et démasque sa propre manœuvre qui était d'utiliser les fautes du parti pour l'entraîner dans le camp du trotskisme. Et c'est la perte de ces espérances qui fait hurler l'opposition à la manœuvre.

Lorsque, les 1er et 2 décembre 1925, le Comité Central du Parti décida un redressement, la droite Paz-Loriot-Magdeleine Marx crièrent aussi à la manœuvre. A cette époque, Treint, qui était un adversaire résolu de Suzanne Girault, trouvait légitime que le parti fasse son auto-critique et son redressement. Il répondait à la droite de la même façon que nous répondons actuellement à sa propre tendance. A cette époque, il est vrai, Treint n'avait pas encore appris de Paz lui-même les arguments oppositionnels.

Le truc de la « gauche »

Treint, Suzanne Girault, et même certaines tendances de l'ancienne gauche du Parti, essaient de montrer leur opposition contre la « gauche qui continue ». Aussi bien Treint, depuis qu'il est lié organiquement avec Paz et Magdeleine Marx, et Loriot, depuis qu'il reprend les arguments de Souvarine, pourrait montrer au Parti une gauche bien plus large encore que la petite fraction qu'il tente de nous représenter comme la « gauche qui continue », puisque Paz et Souvarine sont, comme Suzanne et lui, les membres éminents de l'ancienne gauche, voire même du Comité de la IIIe Internationale.

L'opposition ne le fait pas encore, car elle comprend tout le ridicule qui s'abattrait sur elle. Mais c'est de sa part une simple manœuvre tactique, car il y a moins de différence entre Paz-Souvarine-Treint-Rosmer, qu'entre chacun d'eux et le Parti. Le Comité de la IIIe Internationale, puis la gauche, ont joué dans la formation et dans l'évolution duParti un rôle historique de premier plan. Personne ne songe à le nier, ni à le diminuer en quoi que ce soit. Ce sont eux qui, les premiers, ont levé en France l'étendard de la IIIe Internationale, qui ont propagé ses mots d'ordre en France, qui ont groupé les éléments les plus hardis et les plus combatifs de la classe ouvrière, qui ont lutté pied à pied contre l'opportunisme dans le Parti, jusqu'à en chasser les représentants et les fractions. C'est là le grand rôle joué par la gauche dans le parti.

Mais la gauche, si elle a accompli cette grande tâche, n'a pas été et ne pouvait pas être dans la période où elle existait un groupement homogène. Elle contenait dans son sein un grand nombre d'intellectuels petits bourgeois qui n'avaient rien de commun avec le prolétariat; tel les Torrès, les Lecache, les Souvarine, puis les Paz et les Marx. Peu à peu, ils sont retournés à leur origine,à leur classe, à l'idéologie bourgeoise. Il s'agissait d'un phénomène typique de la guerre et de l'après-guerre qui poussait dans les rangs du « parti avancé » des couches bourgeoises dégoutées de la guerre, mais ayant la volonté d'arriver vite à faire leur place « au soleil de la vie politique ». La gauche, plus que toute tendance, parce qu'elle était composée d'éléments révolutionnaires, jeunes, parce qu'elle était la plus radicale, fut le centre de ralliement de ces couches bourgeoises aventurières qui, peu à peu, nous ont quittés.

Et il n'est pas peu caractéristique aujourd'hui de voir Treint et Suzanne Girault se ranger dans le camp des premiers, contre les éléments sains de la gauche qui sont restés dans le Parti.

L'autre partie de la gauche, la partie prolétarienne, elle milite activement dans le Parti. Elle continue la lutte en étroite liaison avec les éléments syndicalistes qui ont rejoint le Parti depuis, avec la jeune génération issue du Parti et des Jeunesses communistes. Elle reste fidèle au Parti et à l'Internationale. Et ceux qui prétendent continuer la gauche ne sont plus dans leurs rangs. S'il était nécessaire de faire revivre la vieille gauche, ce serait pour arracher son drapeau des mains de ceux qui tentent de le salir dans la collusion matérielle et idéologique avec les ennemis de la Révolution russe et de l'Internationale.

La tentative de Treint et Suzanne Girault, ce n'est pas « la gauche qui continue », mais la « droite qui recommence ». Et c'est contre ce danger que le Parti tout entier et principalement les anciens membres de la IIIe et de la gauche se dressent unanimes.

Le truc de l' « unité du Parti en danger »

Staline, dans l'Internationale, les gens qui lui sont inféodés dans le Parti français, préparent la scission dans l'Internationale. L'exclusion de Trotsky et de Zinoviev en U.R.S.S., celle de Paz et de Magdeleine Marx et de quelques autres en France leur sert d'exemple pour illustrer cette thèse. Rappelons que les premiers furent exclus à la suite de manœuvres inqualifiables qu'ils organisèrent à l'intérieur du Parti lors du Xe anniversaire de la Révolution bolchevique. Les seconds, prévenus depuis quatre ans d'avoir à cesser le travail fractionnel, malgré les avertissements répétés des directions successives du Parti, reprirent le travail de plus belle.

Le Parti ne pouvait tolérer davantage le sabotage de son action. Pas plus qu'il ne pourrait le tolérer longtemps quels que soient les auteurs du sabotage. Se défendre contre les saboteurs du Parti, ce n'est point là briser l'unité du Parti. Au contraire, c'est rendre cette thèse plus forte en débarrassant le Parti des éléments qui lui sont devenus étrangers par l'action et par l'esprit. L'adhésion à l'I.C. a eu cet avantage d'introduire une pratique saine du bolchévisme dans le mouvement révolutionnaire d'Occident : celle de l'épuration périodique des éléments qui n'ont plus rien de commun avec la doctrine et l'action du Parti. Est-ce là menacer l'unité du Parti ? Non, c'est la garantie contre la désagrégation et la dégénérescence idéologiques. Cette garantie est indispensable pour tout le Parti qui est resté révolutionnaire. Si l'opposition n'avait pas perdu tout contact avec la pensée et l'action bolchévique, elle n'oserait pas remettre en question ces idées qui présidèrent à la fondation de l'Internationale Communiste (21 conditions).

L'opposition n'emploie d'ailleurs des phrases sur l'unité menacée que pour mieux masquer sa propre action scissionniste. Qui donc menace l'unité du Parti et de l'Internationale ? La direction du Parti qui fait respecter les décisions du Congrès de Lille, les décisions de la Conférence de Saint-Denis et des Comités centraux; ou ceux qui violent ces décisions, qui publient des organes fractionnels comme « l'Unité Léniniste », où les brochures intitulées « l'Opposition de gauche dans l'I. C. » ?

Treint nous expliquera peut-être que le fait de créer une fraction, de ne pas reconnaître l'organisme dirigeant du Parti : le Comité Central, de porter les discussions intérieures du Parti dans les organisations syndicales ou d'anciens combattants constituent des actes en faveur de l'unité. En réalité, l'opposition, tel le voleur pris sur le fait qui se sauve en criant « au voleur ! » prépare la scission dans le Parti au cri de l'Unité.

Quel serait alors le sens des paroles du chef international de l'opposition : Trotsky, sur la IVe Internationale ? Quel serait le sens du travail fractionnel entrepris par lui en U. R. S. S. depuis de longues années ? L'opposition peut essayer de tromper le parti en parlant de l'unité. Grâce à la faiblesse de l'opposition, l'unité n'est point menacée et de plus le danger, si minime soit-il ne vient pas de la direction du parti, mais de l'opposition. Chacun peut rester dans le parti à condition d'en respecter la doctrine, la discipline, l'action. Que ceux qui ne se sentent plus en accord avec ces principes élémentaires que chaque membre du parti doit reconnaître ne viennent pas crier à la scission ! nul n'est tenu de rester dans un parti dont il n'approuve plus les principes élémentaires.

Le régime intérieur

« C'est le régime d'opposition bureaucratique et le régime intérieur du parti qui sont la cause du travail fractionnel », affirme l'opposition. Sortant de la plume des « démocrates » Treint et S. Girault, cette affirmation ne manque pas de saveur. Mais en aucun cas notre direction ne saurait se prévaloir du régime intérieur » vraiment bureaucratique et intolérable » qui a nécessité le redressement du 2 décembre pour « opprimer » de nouveau le parti. Les conséquences de la direction « bureaucratique » de S. Girault ont été trop douloureuses pour le parti pour que la direction actuelle les continue. Aussi, toute la ligne de la direction est-elle de ne sanctionner qu'après les discussions les plus larges. Il faut rappeler que le parti ne prit position sur les problèmes russes qu'après une grande discussion.

En ce qui concerne les questions actuelles, l'opposition a eu toute la possibilité de s'exprimer à la conférence de Saint-Denis, Treint l'a fait. Il est vrai qu'il n'était encore qu'un soutien de la majorité. La question russe, la question chinoise, y furent l'objet d'un examen détaillé. Le C. C. dont Treint était membre l'a laissé exprimer son point de vue oppositionnel pendant deux sessions. Il l'a même invité à produire sa plateforme (Comité central de septembre). Mais toute l'opposition s'abstint de venir au C. C. suivant. Cependant, la question internationale était à l'ordre du jour avec un délégué de l'I. C. comme rapporteur. Le C. C. ne peut porter la responsabilité de l'absence voulue de l'opposition, car malgré des efforts répétés de la part du C. C. pour les amener à la séance (prolongation du C. C.) il ne fut pas possible de s'assurer de leur présence. A peine le C. C. était-il terminé que toute l'opposition le déclarait « C. C. illégal », « C. C. de surprise », « assemblée irrégulière », « assemblée de fonctionnaires » dont les décisions ne sauraient être reconnues par le parti (voir à ce sujet les répliques des membres du C. C., *Humanité* du 6 décembre).

L'opposition a de plus eu la possibilité de discuter largement dans les cellules. C'est sur proposition de la direction du parti que la région parisienne a organisé une série d'assemblées d'informations régionales, où l'opposition aurait la possibilité de parler. Voilà ce que l'opposition appellle « un régime intérieur intolérable ». Une fois de plus ces grandes phrases masquent la réalité. L'opposition a refusé le débat devant le C. C. ; elle veut masquer sa reculade par des accusations inouïes sur le régime intérieur. Pas plus que les autres trucs, celui-là ne prendra.

L'opposition et les manifestations de rues

L'opposition attaque la direction pour les manifestations Sacco-Vanzetti. D'abord le prolétariat n'a pas assez marqué son hégémonie dans l'affaire. Que signifie alors la vague de manifestations qui eurent lieu dans toute la France sous la direction du P. C. ? Sinon que les masses prolétariennes ont été à la tête du mouvement et qu'elles lui ont donné sa direction et son caractère véritable.

L'opposition pose ensuite son dilemne plaisant « à propos du 19 septembre pour justifier la reculade n'a cessé de répéter sur tous les tons et sous une forme parfois assez habile : ou bien c'est le Grand Soir et la Révolution, ou bien on ne manifeste que dans les formes autorisées par le Gouvernement.

Plusieurs remarques s'imposent :

1° Personne n'a jamais dit que manifester le 19 dans Paris cela signifiait faire la Révolution. La direction du parti toute entière, approuvée par le Comité central, a pensé que le parti et les *organisations ouvrières n'étaient pas suffisamment préparées pour manifester dans Paris le* 19.

Selon l'appréciation du parti, manifester dans Paris le 19 aurait eu comme conséquence inévitable, non la Révolution, mais une lutte sanglante pour laquelle la classe ouvrière n'était pas préparée. Selon les termes mêmes de la déclaration de la direction au Comité Central: « l'avant-garde de la classe ouvrière parisienne aurait été écrasée par les forces policières ». C'est en raison du rapport des forces et non en raison de l'obéissance aux ordres gouvernementaux que la direction a décidé la manifestation à Clichy. Au C. C. de septembre, Treint, cependant déjà oppositionnel, ne fit aucune observation à ce sujet.

2° « Ou le Grand Soir ou la discipline gouvernementale ». C'est tout simplement une calomnie de plus.

Pour arriver au Grand Soir il sera nécessaire de manifester des dizaines de fois dans Paris. Ce n'est même qu'en fonction du développement des manifestations dans Paris, des luttes de rues, que notre parti sera prêt à un Grand Soir. Mais un parti qui a la responsabilité de la lutte des larges masses décide aussi de l'heure à laquelle il engage le combat.

3° Après la manifestation du 23 août il peut paraître puéril de réfuter l'argumentation de l'opposition selon laquelle le parti ne manifeste que là où le Gouvernement le permet. Le 23 est la meilleure démonstration du contraire.

4° Quelle conclusion l'opposition tire-t-elle de ces manifestations ? Quelles sont ses propositions ? Elle n'en a pas. Mais elle combat la solution du parti. La direction du parti a compris la faiblesse du parti et du mouvement pour les luttes de rues ; immédiatement elle a décidé de renforcer ses organisations de défense. Elle a décidé que les communistes feraient la propagande pour que chaque manifestation ouvrière soit efficacement protégée par une organisation de défense. Aussi, elle propose l'élargissement des G.D.A. et de J.G.A. la formation des piquets syndicaux. En un mot un renforcement considérable des organisations squelettiques et insuffisantes qui existent actuellement.

L'opposition combat ces solutions comme devant affaiblir les G.D.A. ; ainsi quand la direction fait un pas vers le renforcement des groupes de défense, l'opposition la combat.

Si l'on suivait l'opposition, les prochains combats trouveraient la classe ouvrière avec des organisations aussi faibles que le 23 août. A quoi peut donc servir tout le bruit sur l'affaire Sacco et Vanzetti si l'on ne veut rien faire pour améliorer les organismes de défense ouvrière ?

L'opposition et les questions syndicales

Le travail syndical du parti et l'I. C. est également présenté sous un jour très spécial par l'opposition.

Tout d'abord elle reproche au P.C. de l'U. R. S. S. de se servir des syndicats comme d'instruments diplomatiques en faveur du premier Etat prolétarien. Si l'on veut considérer que la pression des masses prolétariennes organisées dans les syndicats ou dirigées par eux exercent une pression constante sur les gouvernements capitalistes, dont les gouvernements les plus réactionnaires, eux-mêmes sont obligés de tenir compte, les syndicats qui luttent contre la guerre sont dans chaque pays des « instruments diplomatiques ». Chaque appel à la lutte contre un gouvernement capitaliste renforce les efforts diplomatiques de la première République ouvrière et paysanne parce que, contrairement à ce qu'affirme l'opposition « on ne peut opposer les intérêts de l'Etat prolétarien au mouvement révolutionnaire mondial. »

Mais si l'on veut dire que le P. C. de l'U. R. S. S. utilise les syn-l'opposition en remettant en circulation une calomnie monstrueuse sur l'utilisation du mouvement syndical à des fins diplomatiques ne fait que reprendre l'argument bourgeois et social-démocrate sur le mouvement ouvrier « agent d'un gouvernement étranger ». Mais si l'on entoure cette affirmation de considérations ultra-révolutionnaires, elle n'en reste pas moins la même au fond que celle des bourgeois.

La réalité montre que les mauvaises relations diplomatiques de l'U. R. S. S. avec un certain nombre de pays impérialistes viennent des bonnes relations qui existent entre les syndicats de l'U. R. S. S. et les syndicats de ces mêmes pays. N'est-ce point l'aide des syndicats comme moyen de la diplomatie soviétique, il est clair que campagne gouvernementale anglaise contre le maintien des relations diplomatiques avec l'U. R. S. S. N'est-ce point l'aide portée par le mouvement ouvrier russe aux grévistes de Changaï, de Honkong, Canton, qui augmente l'aggressivité des anglais ? N'est-ce pas l'influence grandissante de notre mouvement qui déchaîne furieusement la presse réactionnaire contre l'U. R. S. S. ?

Ainsi les relations diplomatiques empirent parce que l'I. C., le P. C. de l'U. R. S. S., l'I. S. R. ne renoncent pas à aider les ouvriers en lutte dans le monde entier et non parce qu'ils y renoncent.

Mais ce qui éclate aux yeux de tous est trop compliqué encore pour être compris par notre opposition.

Dans le même esprit, l'opposition présente l'entrée des fédérations d'industrie de l'U. R. S. S. dans les fédérations internationales d'Amsterdam comme le commencement de la liquidation du mouvement syndical révolutionnaire parce qu'il entraînait l'adhésion de la C. G. T. russe à Amsterdam. Voici quatre années que les premières adhésions des fédérations russes aux fédérations d'Amsterdam ont eu lieu. Est-ce que la C. G. T. russe a été brisée à Amsterdam ? Les faits répondent : non !

Il était possible d'adhérer à certaines fédérations internationales sans que la Centrale russe adhère à Amsterdam, parce que, justement les statuts de certaines fédérations internationales adhérant à Amsterdam n'impliquaient pas cette condition (transports, alimentation, etc...).

Mais là n'est pas la véritable question. Etait-il utile politiquement, tactiquement, dans le moment donné, de détacher des forces révolutionnaires dans les fédérations internationales ? Tel est le véritable problème.

Les différents congrès d'Amsterdam avaient démontré l'existence d'un courant unitaire dans Amsterdam. Il était tactiquement nécessaire de prendré toute une série de mesures d'organisation pour renforcer le courant d'unité. C'est à cette tactique qu'ont correspondu les adhésions des fédérations russes et même unitaires aux fédérations internationales. C'est à cette tactique qu'a correspondu le comité anglo-rdsse. En quoi cela a-t-il liquidé notre mouvement ?

Ruth Fischer et les gauchistes allemands étaient contre cette tactique au moment où on l'employait. Cela pouvait avoir quelques raisons dans la crainte d'une liquidation. Mais Treint qui l'a approuvée pendant l'application, la critique quand on est déjà passé à un autre stade de la lutte pour l'unité et que la tactique des adhésions a déjà joué son rôle depuis longtemps. Opposition à retardement pour ce qui aurait pu arriver.

Quels gens prudents que nos oppositionnels !

Même tendance de l'opposition en ce qui concerne la C. G. T. U. et sa liquidation possible comme conséquence de l'opportunisme de l'I. C., du P. C. F. et de la Direction confédérale. « Il était impossible de faire comprendre comment la C. G. T. russe entra morceau par morceau et sans condition dans Amsterdam. Il serait possible à la C. G. T. U. de ne pas entrer sans conditions dans la C. G. T. », affirme la plate-forme. Selon elle, il y aurait un danger de liquidation très net.

Mais dans le même texte, on porte contre la C. G. T. U. l'accusation exactement contraire « de grignotage des syndicats confédérés », de faire preuve d'un esprit étroit de « conservatisme d'organisation ». Il s'agit, dans les deux cas, de la tendance dominante. Qu'il y ait des contradictions insolubles dans la tête de l'opposition, personne n'en doute, mais que la C. G. T. U. soit accusée à la fois d'une politique de liquidation sans conditions et de grignotage systématique par la même opposition, cela ne prouve rien contre la C. G. T. U.

L'opposition sait que les courants de rentrée en bloc dans la C. G. T. sans conditions furent battus par notre parti et par l'I. C. Il en a été de même des tendances proposant la tactique des fusions partielles. Il en a été de même de ceux qui proposaient le grignotage systématique des syndicats confédérés. Le parti et l'I. C. se sont sans cesse affirmés contre ces deux courants. C'est unanimement que la direction du P. C. F. a appliqué cette politique. Que valent alors les critiques de l'opposition ?

Suzanne Girault et ses amis nous accusent aussi d'employer des méthodes bureaucratiques dans le mouvement syndical. Dire que tout est parfait dans les relations entre les communistes et sans parti dans les syndicats, serait exagéré. Il est certain que notre parti doit faire un effort constant pour améliorer et assouplir l'activité des militants communistes dans les syndicats. Il doit faire aussi un travail permanent pour augmenter son influence sur les masses syndicales, pour trouver une solution juste des problèmes ouvriers. Après le congrès de Bordeaux qui a fait faire un grand pas en avant pour la conquête et le maintien des masses dans l'organisation. Le Comité central du parti et la Conférence nationale examineront à nouveau l'activité des communistes dans le mouvement syndical au moment de l'offensive du patronat et de la rationalisation ; ils étudieront aussi toutes les formes passées de résistance ouvrière et les formes à lui donner présentement. Ils feront la besogne de cette critique saine déjà accomplie dans la lettre ouverte pour d'autres domaines de l'activité du parti.

Mais l'opposition, qui compte au nombre de ses chefs Suzanne Girault et Sauvage, n'a pas le droit d'oublier que c'est la tactique suivie par eux pendant une année qui a profondément troublé les rapports entre parti et syndicats.

L'exemple célèbre de la rééligibilité des fonctionnaires syndicaux est assez célèbre et caractéristique de leurs méthodes de travail pour qu'il soit inutile d'insister Sauvage et Suzanne ne se souviennent-ils pas que la conférence du 1er et 2 décembre, faite contre leur volonté, avait comme principale question à son ordre du jour : la question syndicale. Or, il est clair que la tactique du 1er et 2 décembre, a beaucoup amélioré les rapports mutuels entre parti et syndicats, entre communistes et sans-parti.

L'opposition devrait savoir que la reconstruction des régions dévastées par elle, demande toujours plus de temps que leur démolition.

L'opposition craint que la tactique actuelle renforce le groupe Monatte et la Ligue syndicaliste. Bon exemple en réalité. Mais contre l'opposition. Au congrès de Bordeaux, la minorité syndicale s'est trouvée réduite à 60 mandats (vote sur le rapport moral). A Paris, Godonnèche pouvait jouer en prenant la question de la rééligibilité comme cheval de bataille ? A Bordeaux, l'opposition confédérale est sortie écrasée idéologiquement. Qui osera affirmer que la continuation de la méthode Suzanne Girault-Sauvage aura donné de meilleurs résultats ?

Treint critique la tendance générale du congrès de Bordeaux qui s'orienta vers « la création de caisse de secours et autres institutions susceptibles d'attirer et de fixer aux syndicats un grand nombre d'ouvriers jusqu'alors inorganisés », mais « oubliant de les rattacher aux grands buts finaux révolutionnaires du prolétariat ».

Le *Temps* pouvait caractériser la C. G. T. U. après le congrès de Bordeaux comme faisant un tournant sérieux vers le « réalisme », mais restant une organisation de guerre civile. Le Gouvernement commença, dès le congrès de Bordeaux, une offensive de grand style contre les syndicats unitaires pour des raisons identiques. L'orientation de Bordeaux est dangereuse pour la bourgeoisie parce que la C. G. T. U. a su lier les revendications les plus immédiates, les mesures d'organisations les plus pratiques, à son but révolutionnaire fondamental. Le congrès de Bordeaux n'a pas dit « ou les revendications ou le but final ». Il a dit : « et les revendications et le but final », ou mieux encore : « pour les revendications partielles, pour la lutte quotidienne au but final ». C'est pourquoi la C. G. T. U. peut être représentée à juste titre par l'organe bourgeois comme une organisation « réaliste et de guerre civile ». C'est ce qui fait l'importance et la force du congrès de Bordeaux. L'opposition peut faire de la démagogie sur le mot « réformisme actif » reconnu publiquement par son auteur comme une fausse formule, cela ne réussira à faire croire à personne que l'orientation de la C. G. T. U. est devenue réformiste. Le plus grand danger pour le mouvement syndical révolutionnaire français serait pour qu'il reste une petite secte de propagande « pour les buts finaux » en laissant les revendications immédiates. Une belle attitude renforcerait les courants négatifs de la classe ouvrière qui préfère entrer dans le parti que dans les syndicats. L'orientation du congrès de Bordeaux a été particulièrement juste dans la période de l'offensive du capitalisme. S'il fallait le critiquer, ce serait dans un sens contraire à l'opposition. Et toute l'activité des communistes dans les syndicats doit s'orienter davantage vers la lutte pour les revendications immédiates qu'elle ne l'a été jusqu'à maintenant. C'est dans ce sens que le C. C. du parti et que la conférence nationale décideront s'ils suivront les indications de la direction du parti.

Conclusion

L'opposition, dans son attaque insensée contre le parti a montré quelles étaient ses ruines idéologiques. Treint s'est écrié devant le C. C. : « Il fut un temps où l'Internationale combattait le trotskysme. Elle recommencera si le trotskysme relève la tête. Mais ce danger n'existe plus. Le fait que le camarade Trotsky a adopté une position léniniste dans la question chinoise, nous permet d'espérer que le trotskysme ne relèvera pas la tête ». Or, les faits démontrent que, partout, Treint a capitulé devant le trotskysme et, avec lui, Suzanne Girault.

Et comme leur chef idéologique, beaucoup de leurs arguments sont pris chez les mencheviks et les bourgeois eux-mêmes.

Le Parti repoussera cette offensive idéologique, sur ce terrain il obligera l'opposition à désarmer complètement en éclairant tous les membres du Parti par une discussion large et approfondie des immenses problèmes posés devant eux (problèmes de l'U.R.S.S., de la guerre, de la Révolution Chinoise, des perspectives de lutte en France). Elle chassera ainsi des rangs du Parti toutes les idées pernicieuses que l'on veut y introduire. Comme de tous les débats, le Parti en sortira consolidé, mais le Parti ne saurait tolérer un moment de plus le travail fractionnel entrepris par l'opposition. L'opposition doit immédiatement cesser ses publications fractionnelle, elles doit détruire sa fraction. Elle doit publiquement, dans une déclaration sans équivoque, reconnaître ses erreurs et retirer ses accusations inouïes contre le P.C.F. et C.C. Elle doit reconnaître toutes les décisions du C.C. de novembre et lutter pour leur application dans le Parti. Le Parti ne saurait tolérer une minute de plus qu'on se joue de lui. Le Comité Central du Parti proposera comme sanction à la Conférence Nationale, d'exclure du C. C. les membres du C. C. qui se sont livrés au travail fractionnel.

L'opposition doit se soumettre absolument à ces conditions, ou la direction du Parti se verra obligée de poser la question de leur présence dans le Parti à la Conférence Nationale du Parti.

Au XVe Congrès du P. C. de l'U.R.S.S., Zinoviev, Kamenef, et des militants de leur fraction, ont fait leur soumission en ces termes :

« Nous considérons comme notre erreur essentielle que dans notre lutte contre la Comité Central, nous soyions entrés dans la voie d'actions ayant rendu réel le danger de la création d'un second Parti... Nous devons reconnaître comme erronée notre action du 7 novembre. »

La résolution se termine ainsi : « Nous prions le Congrès de nous permettre de revenir dans le Parti et de nous donner la possibilité de participer à son activité. pratique et quotidienne. »

La fraction de Trotsky n'a pas agi de même. Elle continue la lutte. L'opposition française a à choisir : dans le Parti en respectant ses lois ou avec Trotsky, mais alors en dehors du parti; c'est-à dire dans le camp de la contre-révolution car, comme l'a dit la partie de l'opposition russe qui a capitulé : « On ne vit pas la Révolution en dehors du Parti ».

www.ingramcontent.com/pod-product-compliance
Ingram Content Group UK Ltd.
Pitfield, Milton Keynes, MK11 3LW, UK
UKHW020149220726
13923UKWH00001B/437

9 782329 087726